天下文化
BELIEVE IN READING

科學文化 223

資料煉金術

開放資料存取權，重燃創新之火

Access Rules

Freeing Data from Big Tech
for a Better Future

by
Viktor Mayer-Schönberger
and Thomas Ramge

麥爾荀伯格、蘭姆格 —— 著

林俊宏 —— 譯

資料煉金術

開放資料存取權，重燃創新之火 ─────── 目錄

生命中沒什麼好怕的事，

只有該去理解的事。

現在就去增進理解，

也就能減少恐懼。

——瑪麗·居禮

第 1 章

資訊的力量

想讓全世界更能應對重大危機，

唯一的辦法就是提升資訊開放共享的程度。

而共享資訊的基礎，

就在於要讓資料自由流動。

　　1730 年代初，費城有個年輕的出版家，會定期拿兩捆東西給郵差：大捆的是他出版的報紙《賓夕法尼亞公報》（雖然此時尚未成立賓州，但以下依慣例簡稱《賓州公報》），至於另外偷偷摸摸塞過去的，則是一小捆鈔票，那可不是郵費，而是一筆直截了當的賄賂。這位年輕的出版家此時別無選擇，而他就是富蘭克林（Benjamin Franklin）。

　　富蘭克林出生於製肥皂和蠟的家庭，在家裡排行第十五。富蘭克林買下的《賓州公報》，創刊者是凱默（Samuel Keimer），行事浮華誇張、欠了一屁股債，在監獄待了一會，就躲債躲到加勒比海。當時美國尚未獨立，但閱讀人口已經逐漸成長。年輕的富蘭克林不但滿懷抱負、積極進取，而且文筆卓絕，很能抓住讀者的喜好。在他的領導下，很快就為《賓州公報》打造出機智、風趣、充滿政治智慧的形象，一方面不會對英國殖民當局顯得太過挑釁叛亂，另一方面也能展現富蘭克林的信念：新聞自由將為美國的民主，鋪出一條康莊大道。

　　然而，雖然《賓州公報》品質一流、出版者才華洋溢，發行量與影響力卻一直委靡不振。當時費城的最大報是《美洲墨丘利週報》，沒人會覺得該報的主編擁有富蘭克林那樣卓越的文采，但這位主編有另一個身分：為英國王室工作。這個人就是費城郵政局長布萊德福德（Andrew Bradford）。

　　當時，殖民地郵政局長可自行決定哪些報紙能免費寄送、哪些又會被排除在郵政系統之外。簡單來說，正是這個根本算

不上英國王室正式編制的小人物，出於自私自利，就能控制資
訊的流動與商業用途。《美洲墨丘利週報》能夠透過郵政系統寄
送，而《賓州公報》卻做不到，事情就是這麼簡單。富蘭克林
被逼得只能拚了，用盡全力來賄賂郵差，勉強讓《賓州公報》
苟延殘喘。

民主決策的基礎

但是在 1736 年，風雲變色了。英國殖民地郵政總長對布萊
德福德的表現愈來愈不滿意，特別是覺得他帶來的獲利實在太
差，於是決定任命富蘭克林（顯然是一位更有才幹的出版家）
擔任當地郵政局長。

富蘭克林立刻讓報紙發行的不公平競爭畫下句點，在賓夕
法尼亞殖民地發行的所有報紙，現在都能夠平等寄送，而《賓
州公報》的發行量也逐漸成長。

由於親身體驗過新英格蘭殖民地最重要的資訊管道如何遭
到濫用，影響了富蘭克林在政治這條路上的想法，也讓他持續
關心郵政系統的問題，並於 1757 年獲任命為英國美洲殖民地副
郵政總長。

在美國獨立戰爭前不久，富蘭克林因為與叛軍往來過於親
近而遭免職。到了第二屆大陸會議（Second Continental Congress）
期間，富蘭克林推動成立完全獨立的美國郵政署（USPS），並

於 1775 年獲任命為第一任美國郵政署長。後來的美國憲法特別
單獨點出郵政服務，也讓郵政署成為聯邦等級的機關。另外，
《郵政服務法》也是富蘭克林一手促成，要求郵政部門應在全美
以相同的條件、低廉的價格，寄送所有報紙；當時，報紙正是
所有公民最重要的資訊來源。美國郵政就這樣成了美國建國神
話無可磨滅的元素。

經歷了兩個多世紀的民主之後，有件事情現在看來再明顯
不過，而當初美國開國元勳也早已看得清清楚楚：民主決策的
基礎，就在於能夠取得資訊。新聞自由的原則也意味著：記者
應該要能夠報導各種新聞內容，提供分析評論，並確保筆下的
內容能夠傳達給民眾。

矽谷龍頭壟斷資訊

時間快轉到 2020 年春天。第一波全球疫情封城、即將解封
之際，政治人物、社會與個人面臨幾項重大決定：現在可以重
啟哪些活動？在哪裡重啟？如果後續又有幾波疫情襲來，怎樣
才能讓疫情的控制更迅速、更有效，而且最重要的是更能直擊
重點？

這需要資訊來協助，而且不只是病毒本身的資訊，更需要
有病毒傳播方式與民眾相關行為的資訊。電信業者與導航系統
業者已經將區域性的移動資料（mobility data）提供給公共衛生

當局，然而這些資料還不夠精細，也無法讓每個人瞭解自己是否、或是何時暴露在病毒的威脅之下。

這裡需要的，是一套能夠追蹤個人感染狀況的方式。許多亞洲國家在第一波疫情表現頗佳，靠著人工追蹤感染鏈，有效隔離了曾經暴露在病毒下的個人。接著，各國政府希望根據這種經驗更進一步，但這次是讓科技派上用場：智慧型手機應用程式（app）。這些應用程式的主要目的，是在用戶接觸到感染者的時候，提供警告通知。但許多政府也想從中得到另一種資訊：以匿名形式，讓人看到感染如何在特定地區傳播。各國政府希望，一旦有了這些資訊，就無須再次封城，而能採取一些時間較短、範圍較小的防堵做法。

為此，美國公共衛生機關找上谷歌與蘋果公司進行協商。這兩家超大型企業主宰著智慧型手機市場，各種追蹤應用程式必須得到這兩家企業的幫助與支持，否則有可能既無法準確測量用戶彼此的距離、也無法在應用程式商店提供下載。但讓政府官員驚訝的是，這兩大矽谷龍頭居然雙雙拒絕提供協助，擺出一副通常是隱私權活動團體才有的傳道姿態，宣揚著「最少資料運用」（minimal data use）的福音。

一般來說，只有民主制度選出的官員、經過科學顧問詳細解說（希望確實如此！），才會去思考「該怎樣才能運用手中所有的數位科技，在全球疫情肆虐期間保護人民的生命？」但這次谷歌和蘋果不但出面要求好好保護人民隱私，事實上更是

把這個問題給攬了過來。2020 年 5 月，情勢已經十分明顯，谷歌和蘋果不提供技術協助，各國政府就無法取得那些要做決策所需的基本公共衛生資訊。這些主流數位平臺其實就像是行使了否決權，拒絕讓資訊得以民主平等的方式來流動。

簡單說來，真正決定要將資訊交給誰、如何用來對抗疫情的，已不再是英國首相強森、法國總統馬克宏、或是德國總理梅克爾，也不是日本首相、澳洲政府或南非政府，而是蘋果執行長庫克（Tim Cook）和谷歌執行長皮柴（Sundar Pichai）。兩位執行長的決定，不但讓追蹤應用程式在歐洲窒礙難行，對美國某些州、以及新加坡與澳洲等國家，也造成極大困擾。蘋果和谷歌雖然可能保護了個人隱私，卻也讓公共衛生當局無法取得關於病毒傳播方式與地點的寶貴資料。

資料殖民主義興起

《資料煉金術》這本書要談的就是資訊的力量；另外也會談到，我們一旦改變了資訊存取權的規則，權力就會隨之改變。富蘭克林遇上的困難提醒我們，即使是在數位時代，也會遇上資訊分配不均、資訊流動受限、進而產生權力不平衡的現象。

從谷歌與蘋果對於追蹤應用程式所表現出來的態度，我們就能清楚看到，在這個由資料所推動的世界，數位平臺掌握了資訊的產生、儲存與分析，而背後擁有這些數位平臺的人，就

擁有了控制權。從富蘭克林的時代以來,對資訊的權力已經有了一百八十度的翻轉。如今,其實是那些位於矽谷(以及緊追在後的中國)的資料殖民主義者,實際統治著大部分的世界。即使在美國境內,這些民營公司也得以掌控資料的取得與否,左右著種種經濟交易與民主決策。

目前有了各種可機讀(machine-readable)的資訊,網際網路與智慧型手機帶來豐富的資料,各大數位平臺(與背後創造、掌控這些平臺的巨星企業)興起,種種數位協作工具為我們所用,卻也留下資料痕跡⋯⋯這一切都以一種新的方式問著一個老問題:我們該如何將知識的力量合法化、而又不讓它失控?

以下小心劇透。本書會提出一個清晰、簡潔,也希望能令人信服的答案:想要對抗權力的不對稱,消除資訊造成的不當數位優勢,就必須開放資料的存取。讓資料的存取更為普及廣泛,才能推動科學、社會與經濟進步,以利於永續發展。開放資料存取,就是王道。把資訊權力集中,只會有利於少數人,而不利於創新、合作,也不利於我們這些大眾。

透過我們呼籲應使資料存取更為普及廣泛,也就能讓大家討論到個人如何推動經濟與社會達到合理的數位轉型。許多公開或私人的討論中,都很少提及資訊權力的問題。就算談到,多半也是談得片面而閃躲,好像得讓民眾繼續對此無知、不明事理,才能找出這個問題的答案。而且大多數時候,資訊權力的問題是連提都沒被提到。這令我們感到很不可思議。我們認

為原因有三：第一，這顯示大家對於權力的本質欠缺瞭解；第二，資訊科技現在扮演的角色，不盡然公允合理；第三，對於科技所造成的資訊力量懸殊，很少有政策加以反應。

資訊是王道、還是霸道？

根據德國社會學家韋伯（Max Weber）的說法，擁有權力就是掌握「社會關係中的每一次機遇，讓人得以遂行自身的意志，甚至得以對抗他人的抵制，而不論這項機遇的基礎為何。」而這項權力就包括了資訊。

從經濟學大師熊彼德（Joseph Schumpeter）以降，整套創新理論談的重點，都在於資訊優勢與知識進步如何轉化為市場力量。西班牙社會學家柯司特（Manuel Castells）把後工業時代稱為資訊化主義（informationalism），原因就在於這個時代深受資訊及其衍生力量的影響。

1999 年，美國經濟學家夏培洛（Carl Shapiro）和韋瑞安（Hal Varian）發表了一項二十一世紀數位公司指導方針，解釋數位公司可以如何運用平臺與網路效應來攫取經濟權力。他們合著的書名不僅響亮，更深具啟發性：《資訊就是王道》（*Information Rules*）。矽谷（以及後起之秀亞洲）的巨星企業都遵循了這項指導方針；谷歌在 2007 年聘請韋瑞安擔任首席經濟學家，以資訊為基礎取得主宰地位，絕非巧合。而在資訊成了王道的時候，

我們更加需要關於資料存取的新規則。

由於科技影響了各種組織與企業、個人與顧客、社會與國家之間資訊權力的分配，整個世界的數位化與資料化，也就帶出了一系列的邏輯辯證發展。

這幾十年來，每次數位創新人士信誓旦旦，矢言要帶來科技的重大飛躍，總會把話說得滿滿，宣稱個人或小型企業組織都能同享資訊帶來的賦權（empowerment）。原本認為，個人電腦的誕生和普及，將使過去只屬於大型企業與政府的運算能力民主化，讓大眾都可享有電子資料處理能力；而隨著網際網路出現，任何人只要擁有能連上網路的電腦，也就能打開通向世界知識的大門。谷歌初創時的使命，也是希望組織世界上的資訊，讓這些資訊「使人人皆可存取，並從中受益」。後來，社群媒體在行動網路與智慧型手機的大力支持下，也似乎終於從那些過去的老守門員手中，奪來了資訊力量的鑰匙。阿拉伯之春（Arab Spring）也像是樂觀的預兆，讓人看到資訊交流能夠如何推動民主辯論、推翻獨裁。

就某些層面而言，可以說以上種種承諾都有所實現。然而每次資訊流量增加，都引發了粗暴的反制力量。數位革命讓資訊不對稱的狀況更為加劇，而圖靈（Alan Turing，電腦科學與人工智慧之父）、瑟夫（Vint Cerf，兩位「網際網路之父」之一）、柏納斯－李（Tim Berners-Lee，全球資訊網的發明者）這些科技先驅，當初懷著想用科技讓世界更美好的雄心壯志，可並未預見（當然也並

非有意）這樣的結局。簡而言之，自從個人電腦發明以來，在每波的社會動盪與政治改革浪潮中，都可以見到運用資訊科技來改變社會與經濟結構，給個人帶來更大的賦權。但是過了半個世紀後，傳統權力結構非但沒有崩潰，反而更為鞏固、走向集權，唯一改變的是掌權者的名字。目前坐在經濟權力金字塔頂端的，不再是石油大亨或銀行家，而是蘋果的庫克、微軟的納德拉（Satya Nadella）、亞馬遜的貝佐斯（Jeff Bezos）、臉書的祖克柏（Mark Zuckerberg）、谷歌的佩吉（Larry Page）與布林（Sergey Brin），以及中國百度的李彥宏和騰訊的馬化騰。

這些人之所以掌握權力，是因為他們有能力蒐集與分析數位資訊，也就能依他們高興，決定是要全部留在自己手中，還是施捨出去。套用韋伯的話，正由於他們手中資料的力量，讓他們得以無視他人的抵制，不斷推進自己的利益。

科技巨擘抵制潮

回想一下年輕的富蘭克林，得煞費苦心，才能對抗擁有國家權力的對手，讓他的報紙得以流通；相較之下，現在就像歷史開了個很糟糕的玩笑，讓我們看到科技巨擘（Big Tech）推出種種內容、擠壓優質新聞的存活空間，且與平面媒體業競爭廣告收入。當然，這些科技公司並不違法，但卻是從科技、經濟與社會創新等核心層面，破壞了資料的存取與資訊的傳播。

　　我們現在已經看到，各種經濟、媒體（以及政治）的權力逐漸流向擁有大量資料的數位平臺。在美國，相關論述包括：哈佛大學教授祖博夫（Shoshana Zuboff）所提「監控資本主義」（surveillance capitalism），法律學者科恩（Julie Cohen）的《在真相與權力之間》（這本書人氣偏低，實在沒道理），吳修銘（Tim Wu）提出「網路中立性」（net neutrality），帕理澤（Eli Pariser）提出「同溫層」（filter bubble，又稱為過濾氣泡）概念，以及麥克納米（Roger McNamee）在《被「祖」了》（*Zucked*）一書，點出臉書與整個電腦產業的問題。

　　反壟斷學者麗娜・汗（Lina Khan）等專家主張，應該採取強而有力的監管措施。而《經濟學人》專欄作家伍爾得禮奇（Adrian Wooldridge）也提出「科技抵制」（techlash）一詞，指的就是對於科技巨擘控制民眾與市場，消費者與政府開始燃起怒火而有所抵制。

　　到了 2021 年，科技巨擘開始在全球各地面臨了政府與政治人物的反壟斷行動。在美國五十州當中，有四十六州都對臉書提出訴訟，指控這家社群媒體龍頭有反競爭行為。與此同時，臉書也遭到美國聯邦貿易委員會（FTC）提告。至於谷歌也在至少三起訴訟中，遭到幾十個州以反競爭行為起訴。

　　長期以來，川普政府一直大聲斥責科技巨擘對川普總統有偏見。至於繼任的拜登總統，雖然在競選時並未將抵制科技巨擘列入議題，但上任後卻迅速拔擢重要的科技巨擘批評人士：

吳修銘成為「科技及競爭政策」總統特別助理,麗娜‧汗則成為聯邦貿易委員會主席。

在歐洲,丹麥自由派政治家韋斯泰潔(Margrethe Vestager)擔任歐盟執行委員會競爭事務專員,長達數年推動針對科技巨擘的反壟斷行動。在她的領導下,歐盟執委會對谷歌開出的罰款,總共超過八十億美元(雖然在上訴後,歐洲法院將多項罰款的金額降低了)。2019 年 12 月,韋斯泰潔主動積極的立場受到賞識,晉升為執委會執行副主席,也迅速承諾,將採取更多反壟斷行動。

與此同時,中國也從 2020 年底開始打擊科技巨擘,最早瞄準的就是阿里巴巴與深具個人魅力的創辦人馬雲。首先,中國政府擋下原本眾所期待的螞蟻集團首次公開募股(中國最大的數位支付平臺「支付寶」就是由螞蟻集團經營)。接著到了 2021 年 4 月,阿里巴巴又因違反《反壟斷法》遭罰,金額超過一百八十二億人民幣。

資訊權力不對稱

這些監管行動似乎大刀闊斧,也確實抓到了對的議題:要平衡資訊的權力。但我們很懷疑,這些行動是否真能發揮足夠的效力?

對於目前資訊權力嚴重失衡的狀況,許多分析的切入點只

會讓政府與監管機構得到片面而被動的結論（一如批評數位化時的情形），理論上已經太過保守了，而實踐上又缺乏效率。其中，最明顯的例子就是歐盟所推出的〈一般資料保護規則〉（General Data Protection Regulation, GDPR），原本的用意是至少在一定程度上，對那些矽谷資料龍頭造成阻礙，並讓歐盟公民掌握對個資的自主權。美國有一些針對科技巨擘的重要評論人士就認為，在遏制資訊權力上，這算是一個令人鼓舞的例子。

然而，GDPR 雖然立意崇高，實際上卻是給那些數位巨星企業又推了一把，讓它們進一步擴張資訊權力，而且擴大了中央集權的數位計畫經濟。到了大數據資本主義的時代，如果允許企業只要得到個人同意，就能恣意處理資料，將會產生意想不到的不幸後果。因為實務上，個人就是會自願將個資提供給數位平臺。而各種數位服務項目如此繁多，就會讓「明智管理自身資料」對每個人來說都壓力沉重，難以負荷。於是，我們並未起身對抗那些渴求資料的科技巨擘，而是貪圖方便實用，繼續使用各種線上服務。於是，雖然有隱私法規，我們還是選擇以個人與經濟上的依賴做為代價，取得了這些服務；甚至有部分可說，正是因為有了隱私法規，才造成這種結果。這些法規等於是把責任推給個人，要個人自己去決定個資使用的時機與方式。

雖然全球各地政府與監管單位多次嘗試扼止，但是資訊不對稱的情勢仍然不斷往有利於數位巨擘的方向發展。結果應當

令人警醒：全球資訊龍頭企業還是過得順風順水。無論在技術上或法律上，這些企業都已經對複雜的法規環境瞭如指掌，但對於數位程度有所不及的企業來說，則會被各種官僚負擔推向絕望，於是甚至減少使用資料。

所以客觀而言，這套讓許多歐洲資料保護人士引以為傲、甚至其他國家還想起而仿效的 GDPR，其實正在讓數位龍頭企業的力量更為強大。在矽谷與中國那些深鎖的大門後面，你常常會聽到「那些歐洲人根本是在搬石頭砸自己的腳，難道他們真的都沒發現嗎？」

至於在其他一些以法律嚴格保護個資的市場裡，這種情況也屢見不鮮：消費者把寶貴的個資提供給（主要是外國的）科技巨擘，而國內自己的數位新創公司，卻屢屢被官僚程序拖住後腳。

須打破資訊壟斷局面

在這本書中，我們會批評目前資料保護法規對科技巨擘所起的作用，但我們真正想強調的是更深遠的重點：到頭來，面對資訊權力的集中，社會的應對策略必須更主動積極，不能只是被動防禦。無論那些資訊龍頭企業的總部設於何地，從監管機關、立法機構、以及選民，都有責任強制讓這些企業向他人開放其資料寶庫。我們必須讓所有人都能取得資料，無論是公

民或科學家、新創公司或老牌企業、公部門或民間組織。

在這個時代，隨著科技冷戰在美中之間開打、混合網路戰從俄羅斯輸出，想在全球實現「資料開放存取」似乎就是個理想主義的烏托邦，難有真正實現的機會。然而，如果我們能先用「資料開放存取」做為前提，想像出一套新的監管框架，接著付諸實行，用這個框架來推動創新、促進競爭、讓社會享有資料帶來的紅利，不僅是西方國家會紛紛加入，就連在亞洲和南方世界（global South，指非洲、拉丁美洲與亞洲部分發展中國家）的新興經濟體，也可能跟進。

在本書的第 2 章〈資料煉金術〉和第 3 章〈熊彼德的惡夢〉，我們會談到為何資料已經成為創新最重要的原物料，也會談到為何現在的各大資料寡頭雖有「數位先驅」的美名，實際上卻是拖慢了創新的腳步，只是圖利股東，而犧牲了客戶、社會和經濟。然而，現在就有數位解放的機會。目前只有少數人掌握著強大的資訊工具，但未來有機會讓這些工具成為引擎，推動將權力賦予每個懂資訊科技的個人。

照經濟學家熊彼德看來，這樣一來，無論國家經濟或社會都能夠重新打造自己，搖身一變成為資料創新者。而且也能阻止頂尖的資料科學家與機器學習專家，不斷流失到矽谷的壟斷企業手中，而能夠為遠近國家效力，將資料轉化為各種見解，以激發與恢復商業活力。

確實，要像這樣徹底再造並非易事，在心理或技術上都會

是一大挑戰。必須要有夠堅定的政治意志，才有成功的可能。但就法律而言，做起來卻可能比想像中更簡單：要求所有公司都「必須開放資料讓人存取」，以此做為開業的先決條件即可。當然，這些資料要先除去所有個人識別碼（personal identifier），而商業機密與類似受保護的資料也不在開放之列，但像是那些有研究價值、已完成匿名處理的健康照護資料，就該獲准自由流動。

至於公部門，也會被要求開放資料。我們會在第 5 章〈權力與機制〉舉出更多細節，指出為何在開放資料空間之後，短期可能會令企業的市占率與利潤率下降，但長期卻可能為社會與經濟帶來巨大的效益。而在政治圈，也有愈來愈多人有意打破資訊壟斷局面，讓那些強大的資訊工具變成「為人民賦權」的工具。

放下「僅將資料做最少運用」原則

我們在 2018 年出版《大數據資本主義》時，提出了「強制開放資料」的主張，當時有些人覺得我們是痴人說夢。但在歐盟已經有愈來愈多人認真討論這種主張，而在新興經濟體也傳出令人鼓舞的訊息，可能讓全球開始討論資料開放的議題。像是印度、巴基斯坦、奈及利亞等等新興經濟體，人口眾多，於是擁有了超級豐富的資料，而這些地方的數位政策負責人逐漸

發現，資訊權力的不對稱正在讓過去北方世界與南方世界的後
殖民衝突再現。對於科技巨擘所提供的數位服務，這些經濟體
的依賴程度日益增加。

在本書最後一章〈終結資料殖民主義〉，我們會提到這些經
濟體的民眾，如何提供大量寶貴的資料（包括透過薪水極低的
數位零工工作），而科技巨擘又是如何掠奪他們的經濟價值。令
人驚訝的是，這是史上第一次，無論是過去遭到殖民的南方世
界、又或是當時身為殖民者的歐洲國家，目前都落入相同的境
地，受到那些科技巨擘「資料殖民者」的統治。這或許也是後
殖民史上首次，大型新興經濟體或許會因為立場更為明確、起
始位置也更強，而比西方國家更容易改造整個權力關係。

與此同時，資料帝國也正在準備打一場漫長而艱苦的防禦
戰。很清楚的一個跡象在於：蘋果、谷歌、臉書與亞馬遜正以
驚人的速度、急切的態度，在華盛頓、倫敦與布魯塞爾，擴張
他們的遊說大軍。核心問題已經不再是資料隱私。這些科技巨
擘知道自己有能力輕鬆搞定隱私政策的問題，於是有了新的遊
說重點：針對全球各地用戶留在他們伺服器上的資料，企業該
怎樣才能確保這些資料成為專屬於自己的禁臠？雖然這些科技
巨擘並不會大聲嚷嚷，但他們已經意識到，我們現在以為的資
料保護，其實是讓他們更容易實現這項目標。

廣泛開放資料並不是遙不可及的痴心妄想，而是確實能夠
實現的願景。想把願景變成現實，只需要一點點付諸實踐的勇

氣。但這也就代表得放下「僅將資料做最少運用」的原則。我們必須瞭解，資料使用法規對於繁榮與民主的必要性，就一如資料保護法規對於保護個人權利的必要性，這就像是同一枚硬幣的兩面。

將資料視為公共財

資料就像知識一樣，有一種驚人的特質，經濟學稱為「無耗損性」（non-rivalrous），也就讓它比至今其他重要經濟資源更適合成為公共財。「人人都擁有資料」並不會像是讓人人都把自己的牛帶到同一片牧草地來放養、而讓牧草消耗殆盡；資料做為一種可公開存取的數位產品，並不會因為有更多人使用就消失，反而是透過每次的使用，才能帶出資料的價值。每多用一次，價值就會再增加一些。

讓部分企業得以獨占豐富的資料，導致社會無法從中取得更多價值與見解，會是一件很愚蠢的事。而且，我們甚至不需要從企業那裡把資料「沒收」過來，因為就法律意義而言，企業根本不會真正「擁有」資料；我們唯一需要做的，就只是重新制訂關於資料開放存取的法規。

研究顯示，在所有蒐集來的資料中，有超過 80% 根本連一次都未曾使用。主因就在於：那些真正能夠透過這些資料來創造價值的人，目前並沒有存取這些資料的權限。這種「資料壟

斷」其實就是竊取了社會的進步，而資料的運用應該是要為了
眾人共同的利益。

口才便給的義大利創新經濟學家貝瑞亞（Francesca Bria），
她也是數位政策專家，就曾清楚闡述這種願景。貝瑞亞認為，
讓個人、團體與社會拿回資料存取權，確實能夠實現更廣大的
願景，不只能改造經濟，更能改造社會。她呼籲社會「將資料
視為公共財」。在她看來，要對抗這些科技巨擘、國家巨獸，需
要的就是「大民主」（Big Democracy），也就是「讓資料、公民
參與及科技都能民主化，讓資料為社會服務」。

貝瑞亞提倡要讓資料民主化，絕不只是話說得好聽，而是
身體力行，將願景變為現實。貝瑞亞本來就是研究「創新」出
身的專家，在英國創新機構 NESTA 工作一段時間後，到了巴
塞隆納市政府負責數位科技和創新事宜。在巴塞隆納，她說服
各大數位平臺業者（例如握有當地市場的西班牙電信 Telefonica）
向個人與當地企業開放資料庫的存取權限，於是讓巴塞隆納得
到重要的數位紅利，得以促進經濟發展，推動社會賦權。

那些像貝瑞亞這樣有願景、又有能力形塑現實的人，就會
成為領頭者。過去，那些資訊龍頭只是靠著使用「我們的」資
料，才茁壯如斯，如今我們奪回權力的時機已經成熟了。過去
十年間，這些科技巨擘面臨的壓力已經不斷增加。但或許就是
得遇上像是致命新冠病毒這樣的顛覆性事件，才能讓我們重新
思考整個關於資料開放存取權的議題。這場疫情讓我們可說在

兩方面開了眼界。第一,發現我們的各種體系遠遠不及想像的那麼有韌性。第二,檢視疫苗、藥物開發與公共衛生措施的發展,讓我們意識到,想要控制疫情,唯一的辦法就是在資訊交流上,比過去更為開放!

面對致命威脅,過去以為的不可能,都成了可能。全球各地的科學家共享知識,比科學史上比任何時候都更為迅速、也更為慷慨。就連彼此競爭激烈的藥廠,也結成新的聯盟,共同研發各種試劑、療法與疫苗。這正是因為他們已經意識到,唯有透過資訊共享和合作,進展才能夠快,最後也才有利於人人的健康(當然,也有利於他們自己的生意)。

就連科技巨擘也加入抗疫戰局。亞馬遜靠著旗下龐大的物流系統,在封城期間為那些無法出門的民眾,提供種種生活必需品,表現極為亮眼。蘋果和谷歌後來也提供了經過匿名處理的民眾移動資料,經過精確的地理校正,讓公共衛生官員得以更準確評估部分封城的效果。微軟也發起一項開放資料計畫,清楚點出目標就是要支持創新,造福所有人。

讓資料自由流動

從武漢的醫師首次診斷出未知肺部感染的症狀,目前已經過了兩年,而局勢也比二戰之後的任何時刻更為明顯:想讓全世界更能應對重大危機,唯一的辦法就是提升資訊開放共享的

程度。而共享資訊的基礎，就在於要讓資料自由流動。

　　資訊壟斷的時代必須畫下句點，《資料煉金術》這本書描述的是一條邁向新時代的道路，全球人民將能夠持續擁有所需的數位工具，能夠取得各種資料與知識，為人類所面臨的種種巨大的社會、經濟、環境與健康挑戰，尋找解決方案。未來將不再透過各種太複雜的法規來人為控制資料的分配，我們會體認到資料壟斷其實是破壞競爭，有損顧客與國家的利益。在世界各地，那些擁有豐富資料庫的國家，也將會開放資料存取權，讓眾人得以享有資料帶來的紅利。

　　我們也會明白，資料要用了才會帶來好處，使用的頻率愈高、目的愈多元，就能獲得愈高的經濟價值與社會價值。在「開放資料存取」成為王道之後，全世界就會先有所感受，接著得以精確衡量這件事對於每一個人的好處。

第2章

資料煉金術

故事說得好聽，

也不代表講的就是完整的故事全貌。

在《Google 模式》這本書裡，

幾乎完全沒提到資訊不對稱，

也沒說到谷歌獨占了大批寶貴的資料。

　　2004 年 3 月。在加州莫哈韋沙漠的一處軍事禁區，聚集了一群來自四面八方的學生、業餘愛好者與工程師，得意的展示他們製造的未來自駕車。有些車子看起來就像把《星際大戰》的太空船裝上六個輪子；有的像是小型坦克，只是把炮管換成電射感測器；還有一輛自駕摩托車，搭載著各種電子設備與配重零件。但大多數設計團隊用的，還是像福特、道奇或豐田等等大廠的傳統小貨卡，車頂與車頭裝上攝影機，車內則裝了龐大的電腦設備，與人搶奪乘坐空間。

　　加州和內華達州的交界，幾乎總是像當天那樣豔陽高照。大部分參加者都穿著科技咖的標準裝扮──短褲、T 恤或 Polo 衫，上面還有科技公司或大學的標誌。但在這個應該是屬於設計師的臨時活動場地，卻也有非常多的軍方人員忙進忙出，令人不禁好奇。這項活動的主辦單位是美國國防高等研究計畫署（DARPA），這是美國國防部主要的研究機構。雖然各隊之間看來氣氛融洽，但大家來到莫哈韋沙漠是為了參加一場比賽：「DARPA 大挑戰」。在這場大挑戰賽，主辦單位安排了一條超過二百四十公里的路程，只要自駕車能夠在無人協助的情況下完賽，發明者就能贏得百萬美元獎金。

　　比賽一開始，觀眾就像為馬拉松選手加油一樣，為他們的自駕車歡呼。但事實證明，自駕車的科技要成功，難度就像是要求躺在沙發上耍廢的人，去參加五公里馬拉松一樣困難。自駕摩托車跑不到兩公尺就翻車，許多車子也是還沒拉開肉眼可

見的距離，就已經停在路上。那年跑最遠的，是卡內基美隆大學改裝的悍馬車「沙塵暴」，跑了超過十一公里，才在轉彎的時候衝出道路，卡在石塊上。在那一刻，自動駕駛的夢想似乎遙不可及。

Waymo 自駕車領先群倫

近二十年後的今天，無人駕駛的科技障礙大致上已經克服了。2021 年 2 月，加州機動車輛管理局（DMV）公布了前一年由各大科技業者、叫車服務業者、自駕新創企業與傳統車廠進行的各種自駕測試報告。

要衡量自駕車科技的進展，一項重要指標就是所謂的接手率（disengagement rate），也就是駕駛員必須關閉自駕系統、接手開車的平均頻率。在報告涵蓋的期間（2019 年 12 月到 2020 年 11 月，包括部分時間由於疫情封城而必須暫停自駕測試），谷歌旗下子公司 Waymo 的自駕車，在加州公路行駛了超過九十六萬公里，而平均而言，駕駛員每超過四萬八千公里才必須接手駕駛一次。

這是很巨大的進步。短短五年前，Waymo 自駕車能夠無人接手行駛的距離，還不到三千三百公里。

Waymo 的成績領先群倫，無論是通用汽車的 Cruise、亞馬遜旗下的 Zoox，或是中國的 AutoX、小馬智行（Pony.ai）等雄

心勃勃的新創企業,都只能瞠乎其後。Lyft(來福車)和蘋果的自駕車,平均都是行駛幾百公里就需要有人接手。至於在 2019 年成績慘不忍睹的特斯拉,在 2020 年甚至就不提供報告了。

但更能窺見端倪的一點在於:那些經驗老到的車廠,包括各個知名的德、日品牌在內,表現出來的成績都遠遠落後,不到一百六十公里就得有人接手駕駛,而且整年度的行駛距離也不過幾百公里。有鑑於結果如此慘烈,這些車廠有可能最後都得接受採用 Waymo 系統。

百度 Apollo 急起直追

又或者,他們也可以期待谷歌的另一個對手——雖然這個候選者是最近才引起一些汽車專家的注意,但是谷歌早已了然於心,因為這個對手在過去就曾經複製了谷歌的技術與商業模式:百度,中國的搜尋引擎巨頭。

至少自 2017 年開始,百度就已投入大量資金,研發 Apollo(阿波羅)自駕車計畫。使用 Apollo 平臺的車輛已經在中國公路上測試行駛超過一千萬公里,另外也在加州有小型車隊開始測試。2019 年,據稱 Apollo 自駕車平均行駛超過二萬四千公里,才需要有人接手駕駛。但有專家質疑 Apollo 數據的可信度,認為百度之所以能達到這項亮眼的數字,主要是靠著在加州的高

速公路上試駕,而不是在城市的街道上駕駛;在城市裡駕車更
為困難,人類駕駛通常也必須更常介入接手。(百度未能報告
2020 年的資料數據。)

但無可爭議的是,Waymo 和 Apollo 系統的改進速度遠遠
超越傳統競爭對手。這點的背後有個重要原因:谷歌與百度成
功打造出一種技術環境,於是比起競爭對手,他們的車輛更能
產生並運用寶貴的試駕訓練資料。每多行駛一公里、每多一次
由駕駛員接手、又或是每多一次在未接手的情況下成功應對棘
手的路況,這些自駕車都能從中學習,接著就能夠走得更遠、
更輕鬆的產生新資料數據。

2017 年,谷歌自駕車在加州行駛超過五十六萬公里,隔年
就超過一百六十萬公里,再隔年來到約二百四十萬公里。他們
的方法正在得到豐厚的回報,現在能夠投資打造更大的車隊,
同時根據測試車隊蒐集的真實資料數據,打造出一個又一個的
虛擬世界。

在這些模擬生成的世界中,能讓自駕車的數位分身,每年
試駕幾十億公里、甚至上百億公里;就谷歌的案例而言,這是
得益於旗下機器學習公司 DeepMind 的技術協助。來自加州的
資料,還只是谷歌整個自駕計畫的一小部分;如今在全美二十
五個城市的公路上,都能見到谷歌自駕車的身影,其中主要是
在陽光普照的亞利桑納州鳳凰城。部分車輛已經能夠做為真實
環境中的自駕計程車,不再需要配置駕駛員。

與此同時，百度也從 2020 年 9 月開始，在北京提供名為 Apollo Go 的實驗性全自動計程車服務。車輛無需人力協助，就能夠自行上路，這已經是中世紀煉金術士做夢都夢不到的成就門檻。而自駕車也正在成為自動學習的車輛，能夠自行產生原始數據，轉為可機讀資訊，讓自己更進步。

有自學能力的機器

這種資料煉金術正是機器學習領域的巔峰，是近年來人工智慧（AI）發展最重要的領域。儘管 AI 議題已經被炒得太過火熱，但目前對於機器學習的影響力仍然是受到低估的。對於會從資料中學習的系統而言，假如在經過初始訓練階段之後，能夠自行產生資料、自行改善演算法、自行改進各種應用，就等於能夠將「創新」這件事的部分流程自動化。我們會在下一章深入討論這對於市場集中度的意義，而目前而言，需要瞭解的是機器學習會如何使資訊不對稱加劇。系統如果能自行從資料中學習，相關供應商與業者就更能得到重大優勢。但對於用戶來說，資訊不對稱則會加深依賴度，並非好事；至於競爭對手，也就幾乎不可能再趕上領先的業者。

谷歌和百度的自駕車發展，可說是資料煉金術格外引人矚目的案例。但只要是用數位引擎來駕馭機器學習的各種應用，幾乎都能看到類似的情況。像是我們每次在搜尋引擎打入想搜

尋的關鍵詞，都會讓這套搜尋系統更瞭解我們。每次點擊某項結果，就等於是向搜尋引擎提供意見回饋，讓它知道我們覺得 A 資訊與我們很相關、很重要，B 資訊不相關、並不重要。就算我們什麼都不去點，這當然也會是個有價值的訊號。只要我們與無數其他人愈常使用某套搜尋系統進行搜尋，它就能把演算法校正得更準確，也就更有可能為我們（和所有其他人）提供切合需求的結果。

各大線上購物業者推薦商品的演算法，大致上都遵循相同的原則，其實就是在進行某種產品的搜尋，而亞馬遜、歐卡多（Ocado，英國網購商）、Flipkart（印度版的亞馬遜）或阿里巴巴等購物網站，也都十分樂意替我們效勞。只要愈多顧客願意接受這些建議（又或是有愈多人明確拒絕），業者的電腦就愈能透過模式辨識與機器學習，來調整品項、計算價格、安排行銷。

基於機器學習的癌症診斷軟體，也能透過每次看診結束、將結果再回頭輸入系統，透過機器學習而不斷改進。至於信用卡業者的盜刷檢測系統，也能從每筆擋下或授權的可疑交易當中學習。遭到盜刷的持卡人，當然會火冒三丈；但如果是誤把誠實的持卡人當成盜刷份子，讓他在現場怎樣都刷不過，又會引來另一種怒氣沖天。銀行的信用評分系統如果擁有愈多還款違約的資料，也就愈能準確預測特定貸款人準時還錢的機率。

就語音辨識軟體而言，如果民眾愈常使用、而且愈常去修正其中的錯誤，最後就愈能準確辨識各種口語詞彙。智慧工廠

的機器，如果彼此之間有愈多互動成為資料紀錄，中央控制軟體就能夠累積愈多學習經驗，整座工廠的效率也就愈高。法律機器人看過愈多合約，我們也就愈有可能省下找律師諮詢的昂貴費用。原因為何？因為現代電腦系統與人類學習的方式十分相似，都是「蒐集資料、進行評估，再以基於資料的預測，得出正確的結論」。而如果讓意見回饋的流程形成內部迴圈，就能讓資料蒐集與學習過程都自動化。

資訊科技引發了一場大型而深遠的經濟權力轉移，而這種從資料中學習的系統所應用的資料煉金術原理，還只是這場大型權力轉移的其中一小部分而已。

資料不是新石油

各家數位龍頭企業如何靠著敏捷的組織架構與破壞性的商業模式迅速崛起，相關的分析與討論已經所在多有。傳統企業的執行長與企業管理顧問絞盡腦汁，思考如何仿效這些龍頭企業的模式，說自家公司也要數位轉型（但常常是畫虎不成），也經常提到大數據、進階分析、AI 等術語。然而，一邊是數位龍頭企業，擁有以資料為中心的產品和商業，另一邊是大型傳統企業；兩者的數位轉型方式究竟有什麼根本上的差異，卻少有人提出批判性的想法。這令人頗感意外。

在一些大型傳統產業，像是機器製造、汽車、金融服務、

電信、餐飲與零售連鎖業、消費性商品與物流等等，從過去到現在，多半是把資料當成是用來改進流程和產品的資源，又或是做為行銷機器的潤滑劑（也就是為了賣出更多產品）。當然這說得也有道理，要是資料能讓企業提升效率、降低成本、增加銷售，何樂而不為？只不過，那些在網路上崛起而大獲成功的數位龍頭企業，對於資料的使用方式其實有著根本的不同。

那些當今市值最高的科技巨擘，並不會認為資料是一種沉重的負擔，不是什麼要靠著削減成本來解決的花費，也不只是能夠增加銷量的量化工具。對他們來說，資料是一種對於自身未來的關鍵投資。傳統產業很流行「資料就是新的石油」這種不當的比喻，這點絕非巧合。這種形象很符合傳統的價值創造的概念：從原物料中，只提煉出需要的部分；這些部分就帶有價值，並在銷售之後，為你帶來收入。

但相對的，那些數位龍頭企業從不覺得自己就是資料時代的埃克森美孚（ExxonMobils）或英國石油（BP）公司。他們知道，資料並不是像金礦一樣沉睡在深山裡等待開採，也不是像石油一樣等待從地底抽出。他們知道，資料在使用的時候並不會因為燃燒而產生超高的外部成本，而正是要靠著多元、重複與組合的使用方式，才能讓價值不斷增加。他們很早就清楚，要讓資料帶來最大的經濟價值，方法並不是出售資料，而是要以「獨家存取」的方式來建立統治地位，再反過來以此推動高利潤的商業模式。

平臺詮釋學

　　如今，擁有豐富資料的企業會投入相當心力，打造技術基礎設施，將各種資訊流引至他們的伺服器，並且確保只有自己能夠獨家使用。這種策略目標並不是商業史上的新鮮事。仔細研究數位經濟背後的機制，就會發現這種模式是為了創造資訊不對稱的情形。而我們從各個強大的數位平臺，特別能觀察到這種現象：在許多產業，都會看到這些數位平臺刻意擠到了買賣雙方之間。

　　只要是透過智慧型手機應用程式商店的交易，所有資訊全都掌握在蘋果和谷歌手中。而隨之造成的結果，與其說是煉金術，不如說是一套詮釋學。某項細節的價值，必須從大局來看才能瞭解，但又只有知道所有細節的人，才能看到大局。這些應用程式商店的經營者，能夠知道自己有哪些個別顧客、顧客各有何偏好和習慣。彙集這些資訊，就能對整個市場有了既全面又細緻的瞭解，據以調整商業模式，可以用來打造應用程式或行銷應用程式、銷售音樂和影片等內容，也可以設計出個人化的廣告。

　　亞馬遜商城（Amazon Marketplace）不但會向上架商品的所謂「獨立」零售商收取大筆費用，這無數筆交易所產生的資訊也能讓亞馬遜對市場有絕佳的認識，於是得以自行銷售獲利最高的商品，甚至是推出獲利更高的自有品牌，並且讓自家商品

在亞馬遜商場裡，有最佳最多的曝光機會。

至於 Booking.com 等旅遊平臺、Uber Eats 或是 DoorDash 等外送公司網站，又或是 PriceGrabber 這樣（看似）中立的價格比較網站，這些商業模式的基礎也是來自資訊力量的不平等。這些「數位媒人」能夠查詢自己的資料寶庫，也就能夠瞭解哪位顧客正在尋找怎樣的特別優惠。買方常常會為了方便，就滿足了各個平臺對資訊的渴望，至於賣方則因為沒有可行的替代方案，迫於無奈，也只能允許這些平臺進行資料蒐集。

但是客觀看來，這些討人厭的中間商不過就是抓對了時間點、投入了足夠的金錢，打造出一座數位商城，對買賣雙方來說夠便利、而且能夠提供附加資訊價值。數位商城會蒐集關於供需的資料，結合以換取（常常是高額的）費用，並且從它所撮合的每筆交易中學習；隨著交易知識增加，供需的撮合更為精準，也就能賺取甚至更高的費用。

並沒有人阻止飯店、零售業者、連鎖超市、餐廳、計程車業者打造自己的平臺，好讓顧客找到他們、並預約他們的服務及產品。也沒有人阻止製藥產業提供像 23andMe 這樣的低成本個人基因定序服務——現在這家加州新創企業已經擁有超過千萬位顧客的資料，而且每增加一位，都等於讓資料庫更添幾分價值，能繼續販賣使用權。

醫學影像科技的主要業者，手中也握有豐富的資源，他們喜歡與資料科學領域的應屆畢業生合作，開發用於癌症檢測的

人工智慧系統。比起 IBM 的機器學習專家，這些應屆畢業生現在可能更容易取得相關資料。至於奇異（General Electric）及其傳統上的競爭對手，更是幾乎拱手就把這個領域讓給了藍色巨人 IBM 和其他科技公司。

至於電信業者，原本可以帶出各式傳訊服務（將會演變成今日的社群網路），也可以像谷歌一樣，靠著提供免費的電話查號服務，訓練出一套語音辨識軟體。然而，電信業者當時只是一心想要繼續販售老套的簡訊服務，甚至還關閉了自己的查號服務。

資料愈使用愈有價值 🖱

在 Netflix 還在前期努力郵寄 DVD 的時候，好萊塢各大片廠早已坐擁大量內容。但後來，Netflix 打造出一個數位平臺，並分析影片觀看資料，判斷各種故事情節與觀眾的互動模式，於是搖身一變，成為一個垂直整合的製片商，同時也提供讓人一看成癮的電視節目。至於動作較慢的迪士尼，現在也把賭注壓在自己的 Disney+ 平臺上，希望與顧客建立直接關係。

西方國家與遠東地區的眾多銀行，已經把數位支付的市場交給了 PayPal、Stripe、TransferWise、支付寶或微信等服務。進入這塊市場的不是銀行，而是各種金融科技公司，像是美國的 Robinhood 和 Chime，歐洲的 Klarna 和 N26，以及亞洲的螞蟻

金服。至於銀行自己仍然是鐵板一塊，雖然坐擁巨量的資料，卻很少讓資料發揮效用，而且常常還得和自己過時的資訊科技基礎設施互扯後腿。

除了豐田、現代或賓士，我們本來或許很難想到，誰還有足夠的資金（和車隊），能夠派出大量的車載鏡頭，重新測量全球的道路網，蒐集資料來發展自動駕駛（也就是前面提到的有自學能力的機器學習系統）。但就在各大車廠還忙著想讓最新的七速自動變速箱稍有改進的時候，谷歌已經派出了街景車。原因為何？就因為資料並不是新的石油，既不是就這樣靜靜存放在資料庫裡，也不像現在的商業模式以為的會「消耗」掉；資料就是要反覆得到使用，才會展現出它的價值。因此，目前資訊、創新與經濟力量的規模，十九世紀的石油大亨連做夢都想像不到。

但要說一切都是這些傳統工業與金融資本主義龍頭的錯，也不盡然。要從傳統轉向以資訊為中心的商業模式，絕不是像那些坐領高薪的變革管理顧問所聲稱的那麼簡單。哈佛大學經濟學家克里斯汀生（Clayton Christensen）就曾點出，許多成功的公司會落入路徑依賴（path dependency）造成的兩難：一方面，需要自我改革的壓力不斷增加，另一方面，公司還是得賺錢，而且顧客需求也不斷增加。而大家都知道，想跳出兩難的情境總得付出高昂的代價。

無論在汽車、金融服務、零售或媒體領域，永遠不可能有

什麼「對」的時機，能讓老牌企業徹底改變商業模式、流程與產品組合。克里斯汀生在他 1997 年的暢銷書《創新的兩難》就預測到：唯有得到創業投資基金支持的破壞性創新者，才能承擔這種風險。

整體而言，今日已經證明克里斯汀生所言不差，也更能讓我們看到一件充滿諷刺的事：過去二十年間，雖然各個重要的破壞性創新者不斷出席各種公開會議、招搖炫耀他們所謂的一切公開透明，但其實他們真正成功的祕密一直不為人知。

科技巨擘沒透露的祕密

谷歌內部如何運作？

2014 年，時任執行長的施密特（Eric Schmidt）與產品資深副總羅森柏格（Jonathan Rosenberg）在《Google 模式》一書，給出了答案。在這本超過三百頁的書裡，他們用各種有趣的軼事介紹了谷歌的企業文化、絕頂聰明的員工如何進行敏捷團隊合作與發揮創意合作，以及大家如何以求新若渴的態度，追求矽谷典型的下一次創新飛躍。施密特與羅森柏格描繪出一幅生動場景，讓我們看到谷歌如何吸引來自世界各地的人才。他們讚揚各種決策都以證據為基礎，也進而發展出一種根深柢固的心態——喜歡做實驗、喜歡做測試。

《Google 模式》這本書出版時，搭配有兩位作者深具啟發

性的 YouTube 介紹影片，甚至還提供可免費下載的簡報檔，方便組織顧問與提倡「新工作」的人演講使用。《Google 模式》是一場行銷的大勝仗，傳達出一項清楚的訊息：谷歌成為全球數一數二的大企業，是因為有兩位年輕天才在正確的時機，找出了如何打造一套更優秀的搜尋演算法；接著在怡人的環境中將一群聰明的年輕人，以網路結構連結起來，讓他們的合作更有創意，表現優於數位化之前「舊世界那種上下結構森嚴的企業」當中的員工。

故事說得好聽，並不代表說的只是童話故事。理論上，書裡大部分的軼事都所言不虛，而矽谷職場文化也一直是蘋果、谷歌、臉書等科技龍頭崛起和成功的重要因素。然而故事說得好聽，也不代表講的就是完整的故事全貌。在《Google 模式》書中，幾乎完全沒提到資訊不對稱，也沒說到谷歌獨占了大批寶貴的資料。

並不是只有谷歌採取了這套策略。基本上，所有科技巨擘都遵照這份劇本行事，會開放出來的知識與技術，都不屬於那些會影響他們爭奪數位主宰地位的領域。例如蘋果，清楚知道有哪些用戶、在哪個時候、在 iPhone 上安裝了哪些應用程式，但絕不會把這些資訊告知應用程式開發者。Apple News 上的媒體內容也是如此。而一旦無法取得這種資料，內容供應商就會淪為商品服務供應商，只能任由蘋果擺布。

Spotify 的方法也非常類似。這個瑞典音樂平臺很清楚自己

為數約三億五千萬的用戶，在什麼時候聽什麼音樂，但 Spotify 保護這些資料的態度，就像可口可樂保護原始配方，同樣極其謹慎。也是靠著這種資訊不對稱的狀況，讓 Spotify 與供應商的談判得以掌握優勢。

至於 Booking.com 雖然會告訴我們許多住宿房源的資訊，但還是有些資料由他們獨門掌握，例如：平臺天天都會觀察訂房狀況，因此就能掌握旅館如何根據空房數與時段而調整定價演算法。這份資料他人別想染指，因為這正是 Booking.com 資訊權力的來源。

同樣的狀況也可見於微信（WeChat），這是騰訊在中國推出的社群媒體應用程式，廣受歡迎。在微信平臺上，只要從某項服務得到了資料，就會廣泛運用來改善平臺上的其他服務，從傳訊、社群媒體、到支付，無所不包。與此同時，微信也小心守護著自己蒐集到的資料，對於這些資料帶來的巨大資訊優勢再清楚不過。就這種意義而言，微信同樣是遵照科技巨星企業所熟悉的腳本，而中國的其他科技龍頭企業也不在話下。

為人作嫁的笨水管

回想起來，似乎創新者在成為巨星企業的路上，都是靠著放出一片修辭的煙幕，來混淆視聽，把自己促成破壞性成功的真正因素隱藏起來，直到現有企業恍然大悟，為時已晚。而為

了要解釋自己如何發展並鞏固自身的資訊能力，創新者已經發
展出一套特別會造成誤導的故事。故事是這麼說的：「數位化
讓全世界得到了令人難以置信的資料量。從圖表看來，（據稱）
全球資料量呈現指數成長，已經來到以 ZB（zettabyte）為單位
——1 ZB 可是足足有 21 個 0。」

　　當然，這件事本身就難以想像，但這種敘述方式卻有助於
造成誤解：會讓聽眾覺得，顯然傳統企業完全無力應對這股巨
量資料的洪流，畢竟傳統企業可沒有能夠處理到 ZB 等級的超級
電腦。而且更慘的是，傳統企業又沒有那種「聰明人」，像是人
工智慧專家、資料科學家、量化分析專家之類，因為這些人瞭
解演算法的祕密，才能看穿並掌握大數據深藏不露的見解。根
據這種說法，一般人就會覺得：運算能力及所需的人類智慧，
在當代經濟體系當中的分布並不平均，大半已集中在那些數位
龍頭的手中。正因為這種雙重不平等，才讓這些數位龍頭企業
占據了資訊科技的主宰地位。

　　這個故事聽起來很有道理，但其實就是個騙局。整套說法
對於科技的理解，至少在三個方面大有問題。

　　第一，今日想要發展資訊的力量，所需的運算能力並不需
要太高的成本，絕不是只有少數大公司與富裕政府能夠負擔。
感謝摩爾定律（Moore's Law）所言不虛，機器的運算能力在過
去六十年間大幅提升，儲存與傳輸資訊的能力也顯著提高。我
們現在不但能夠運算更多資料，運算速度也加快甚多。而摩爾

定律最重要的一點，在於成本的降低。這個持續幾十年的趨勢在貝佐斯定律（Bezos' Law）的輔助下，更是得到增強。從貝佐斯定律可以看出，在 AWS（亞馬遜網路服務）成功的激進定價策略下，雲端運算是如何及為何讓高速、大量的資訊處理成為人人都做得到的事。

要在 AWS 進行雲端運算，所需的成本大約每十八個月就會砍半。就整體而言，這件事的意義是：在 1960 年代，全世界只有幾臺電腦而已，當時的硬體高度集中。但這種情況已經過去了。如今不但每個人口袋裡都有智慧型手機，而且所有的智慧型手機、平板電腦、筆記型電腦，以及最重要的是各種大小規模的企業電腦網路，都能連上雲端，以最低的成本取得幾乎無限的運算能力。

這件事的重要性還不是人人能夠體會。像是談到 GAIA-X（一項新興的歐洲雲端運算基礎建設）的開發，就會發現大家對於運算能力的角色和重要性，存有各種錯誤認知。GAIA-X 的建設經費來自歐盟的稅收，一開始大家認為這會直接成為矽谷雲端服務業者的競爭對手（雖然 AWS 和微軟其實是位於西雅圖和普吉特海灣，不在矽谷），但隨著各項公共補助遭到削減，GAIA-X 的支持者意識到，要自己建立一套歐洲的雲端基礎建設或許並不合時宜，於是開始邀請美國雲端服務業者加入。

雲端服務的問題，絕不在於世界上的業者太少，反而恰恰相反：雲端服務的業者已經太多。

在這項議題上，中國也學到了慘痛教訓。中國公私部門投入大筆資金（單單 2019 年就超過一百三十億美元）扶植雲端服務業者，還希望積極邁向國際，特別是在亞洲和南方世界。

我們從經濟學知道，基礎建設服務的提供就是兩種形式，第一種是由寡頭壟斷，於是十分昂貴，除非國家介入；第二種則是有多家業者，競爭激烈，於是服務成為一種商品，而利潤空間也受到壓縮。現在的雲端運算服務就是第二種，業者幾乎無處不在，但很多業者只是扮演著一種「笨水管」的角色——雖然協助處理資料，但對於資料在自家的伺服器上處理所產生的價值，這些業者卻無從取得一絲半毫。如果耗費公帑卻只是建出笨水管，會是一大錯誤，也無益於促進數位主權（digital sovereignty，我們稍後就會回來談這個問題）。

演算法大多不是私有智慧財 🖱

說到那些數位巨星企業為何能取得優勢，第二個普遍的誤解在於：搞錯了演算法所扮演的角色。在那些故事中，總是把演算法吹捧得像是數位巨星企業和那些優秀工程師的智力精華結晶，是必須全力保護的智慧財產，要比克里姆林宮衛兵守護列寧遺體更為慎重。

另外還常有人說，現在只有谷歌、蘋果、臉書、亞馬遜，以及百度、阿里巴巴、騰訊這幾座互相競爭的萬神殿，才擁有

足夠的數學巫術,能夠碰觸到資料的無上智慧。但事實是:這純粹就是胡說八道!許多在資料分析上廣泛使用的演算法,都是出自於學界,常常最早就是公布在開源的演算法資料庫裡,人人都能夠免費存取。例如「R」這套廣受愛用的資料分析軟體,就是一項開源專案的成果,能夠免費下載。這項專案的背後,是由主要來自各大學的開發者結成聯盟,共同監督,並付出心力。

許多常見的機器學習法也是如此。有些最重要的機器學習演算法都是直接公諸於世,早已為人所知多年。而對應的工具與應用程式,也都可以在 GitHub(目前屬於微軟旗下)等開放平臺取得。

事實上,講到演算法,巨星企業其實是意外的樂於助人。就算這些企業確實是自行開發演算法,通常也是只要過了一小段時間,就會解除專利保護。而在某些地方,矽谷甚至是朝著開放的方向,更邁進了一步。像是馬斯克(Elon Musk)這樣的企業家,正在出資創辦 OpenAI 的平臺,希望讓人人都能免費下載各種廣受好評的機器學習工具,實際投入使用。

數位革命必需的原物料 🖱

關於數位顛覆如何導致資訊權力轉移,主流故事裡的第三個、或許聽來也最令人肅然起敬的元素,就是號稱這些成功的

真正原因在於人類的聰明才智。通俗科幻小說有個傳統套路，就是出現某個天才、有某項驚人的發明，就這樣改變了一切。而在數位時代足以做為這種角色代表的，就是經典喜劇《宅男行不行》（*The Big Bang Theory*）裡面的超高智商宅宅夫妻艾美和薛爾登這兩位博士。根據那套巨星企業的故事，他們的企業園區裡到處都是小艾美和小薛爾登，才智堪比愛因斯坦，把資料點石成金。

但事實是，雖然前面談到的資料煉金術或許真的存在，但可沒有什麼資料煉金術士組成的祕密集團。各大數位企業的資料科學家與量化分析專家，用的數學與統計材料都與一般人完全相同。那些矽谷龍頭企業之所以能占據主導地位，並不是因為真的的聘雇到什麼人類最頂尖非凡的頭腦。如果要講關於各種方法與模型的科學與知識，無論在美國、歐洲或亞洲，各家企業（包括新創企業）都有能力迎頭趕上，也都絕對能聘請到訓練有素的資料科學家。

這代表著什麼意義？那些在數位時代輸人一截的企業，並不是因為缺乏運算能力、無力發展雲端應用。而各種資料分析的工具或機器學習的演算法也不難取得。此外，雖然數位巨星企業或怨天尤人的落後者總掛在嘴上，但數位人才在全球的分布其實十分廣泛，並不像他們說的那麼集中。落後者之所以無法得到在數位領域的重大飛躍，其實是因為無法取得資料，而那才是數位革命必需的原物料。

谷歌、臉書、亞馬遜、蘋果、微軟、Netflix、PayPal、Spotify、
Uber、Booking.com、百度、阿里巴巴、騰訊、字節跳動、商湯
科技、依圖科技……這些數位龍頭在各自的領域，打造出各種
機制、機會與應用程式，蒐集了大量只掌握在他們自己手中的
資料。就這點而言，「資料」和「石油」確實有些相似之處。不
論是誰擁有油田，可不會想把石油拱手讓人。而對資料龍頭來
說，也只有在特殊情況下，才會與他人分享自己的原物料。這
種態度從策略角度來看並不難理解，因為「取用權」能夠轉化
為競爭優勢；這正是企業估值時的基礎，而且這能讓競爭對手
苦思、苦惱、苦無解方。

混淆視聽的騙局

數位創新者白手起家、成就霸權地位，完全有理由把自己
崛起的故事講得像是令人嘆服的寓言，謳歌人類的才智、讚頌
他們所創造的演算法。這套關於他們成就的故事，就為他們現
在握有的權力提供了道德上的正當性，而不用擔心被批評是造
成資訊不對稱的元凶，也能躲過一些尖銳的質問。畢竟，有誰
會想看到政府用法規蠻橫介入，搶走天才企業家努力的成果？

至於在數位巨星企業上班的高薪工程師，也都相信自己是
在推動資訊科技的進步，常常是真心希望眾人都能共享其勞動
成果。在科學研討會上，他們看起來是又聰明又令人有好感，

50

散發著巨星的光芒。至於公司的管理階層，也很熱中派出這些「艾美」和「薛爾登」去參加學術活動，因為這些人的態度與才智，讓整套故事聽起來更為可信可靠。一直以來，那些掌管數位龍頭企業的人，總是大肆吹噓著他們的科技多先進、員工多高明，但對於資料的取用權卻是噤聲不語。

這早就不是新鮮事了。以愛迪生為例，他是直流電的愛好者，於是用盡各種詭計、故事與籌謀，詆毀交流電的技術。他甚至曾經主張，該用交流電舉行公開電刑處決。

一次又一次，掌權者總是運用那些乍聽之下再合理不過的故事，不讓大家注意到他們權力真正的來源。而隨著目前資料化的潮流，歷史也正在重演。只是這次牽涉的除了經濟權力，還有資訊權力——而這正是能夠主導現代社會的力量。

也正因如此，這套大有問題的故事、讓人以為這些企業的資訊權力都是誠實取得，才會如此危險。用熊彼德的話來說，這套故事是在保護那些握有資訊權勢的人，讓那些科技巨擘靠著創造性破壞而掌權之後，得以不用擔心輪到自己面對創造性破壞。

第 **3** 章

熊彼德的惡夢

熊彼德一生學術研究的中心主題，

就是：透過創新而不斷進步。

如今，資料壟斷造成的資訊與權力不對稱，

肯定會讓熊彼德大為光火，

甚至願意拚上性命消除這種局面。

　　熊彼德晚年很愛講一個故事，說他在年輕的時候，給自己設了三大目標，分別是：成為全世界最偉大的經濟學家、奧地利最棒的騎師、以及維也納最風流的情人。接著，熊彼德會再說一句話來逗樂聽眾：我只實現了兩項目標，很遺憾，我沒有成為最棒的騎師。

　　但客觀而言，熊彼德最大的成就，或許就在於他對工業資本主義的分析既敏銳又精妙，無論自由主義者或馬克思主義者都同感欽佩。二十世紀其他偉大的經濟學家，沒有人的生平能像他一樣華麗耀眼。熊彼德的生涯多姿多采，簡直是一般人好幾輩子的人生。

　　熊彼德從小就是神童，職涯早期便寫出一本談「經濟學精要」的書，廣獲好評。第二次世界大戰結束後，還曾短暫擔任奧地利的財政部長。他後來成為投資銀行家，賺了一大筆錢，大搞投機生意，接著在 1924 年全球爆發經濟危機時，個人也來了一場轟轟烈烈的破產，把人生的這個章節畫下句點。

　　熊彼德接著到了開羅和柏林，擔任律師和政府顧問，又在倫敦躋身上流社會，最後才成為大師級人物，解說著市場經濟緊張的內部張力、以及創意創業精神對於經濟進步的作用。他一生寫下的文字長達數千頁，處處可見精妙的想法；學術上也曾獲聘至格拉茲大學、波昂大學，以及德國納粹主政前一年，至哈佛大學任教。

　　熊彼德的一生，就是不斷進行創造性破壞。他身材矮小，

但智力高超，精力無法壓抑，渴望得到認同。他心向奢華、愛好排場，既信奉享樂主義，同時也瘋狂投入工作。熊彼德在生命的每一個階段都重塑自己，正符合他一生學術研究的中心主題：透過創新而不斷進步。

資本主義對未來的預想

熊彼德深受時代的影響，或許程度更甚於其他偉大的思想家。在 1930 年代之前，熊彼德對資本主義的擴張邏輯，基本上還抱持著樂觀，認為雖然（或許也正因為）那個時代有著殘酷的動盪，但總會有美好的未來。相較於那些總是執著於經濟均衡的古典經濟學家，熊彼德重視的是企業家的創造力，覺得企業家就應該像藝術家一樣，要不斷質疑現在，也要不斷放眼未來。

在熊彼德看來，「穩定的資本主義」根本是一種矛盾。資本主義的本質就是改變，是「各種的不連續與劇烈的天搖地動」。社會就是要付出這種代價，才能享有一波又一波創業創新浪潮帶來的成果，得到更優越也更實惠的產品，創造能讓眾人分配的財富，以及讓人有資金推動福利國家的理想。但相對的，我們也得接受一些重大的挫敗，像是 1924 年的法國金融危機，就讓熊彼德的財富瞬間歸零。

但就算經過了 1929 年紐約股市崩盤，再經歷之後的全球

經濟重災，熊彼德仍然抱持著與當時主流觀點不同的看法，認為如果想讓世界走出經濟動盪、再次迎向繁榮，要靠的是企業家的創造力，而不是靠反景氣循環（counter-cyclical）的經濟刺激計畫或貨幣政策。熊彼德告訴他的哈佛學生，1930年代的大蕭條就像是給經濟來一場「冷水澡」（顯然沒意識到會讓人想到「潑冷水」的意象），會讓許多企業家更努力創新。熊彼德的這種想法，與當時的其他經濟學流派大異其趣。

在多數的評論中，都把熊彼德稱為經濟學家，話雖不錯，但也還不夠準確。特別是一般講到熊彼德，都是與當時的政治經濟學領袖人物相提並論，從古典經濟學家到新古典經濟學家不一而足，像是講需求理論的凱因斯（John Maynard Keynes）、或是主張貨幣主義的傅利曼（Milton Friedman）。但至少在對於經濟政策的公開討論當中，有一點常常莫名遭到忽略：熊彼德對經濟的觀點，其實是以微觀經濟學為核心。

以亞當‧斯密（Adam Smith）、凱因斯和傅利曼的經濟學觀點看來，世界就像一臺巨大的機器，上面有著控制桿，可以、而且必須從宏觀經濟出發，加以調整，調整的人可以是政府又或是非政府。然而在熊彼德的經濟學觀點看來，世界是從個人出發、由內而外，以企業家為中心，思考這些人在什麼條件下能夠發揮有生產力的創意，為所有人謀求長期利益（也要思考在哪些條件下，會讓這些人做不到這種事）。

其間的差異，下一章會有更詳細的討論。對我們來說，

數位經濟改革浪潮一波波襲來，如果能抓住以上所提的關鍵差
異，將有助於瞭解社會該如何以更智慧、更有建設性的方式來
應對。而在數位市場上，隱約可以看到權力集中的問題已經來
到史上最嚴重的地步。熊彼德從哈佛觀察世界的時候，對於資
本主義的進展仍然抱持樂觀的態度，但目前市場集中的問題已
經大不相同了。

資本主義的重點就在於資本 🖱

　　熊彼德從微觀經濟學的觀點出發，覺得經濟運作後出現壟
斷，似乎也不是什麼太危險的事。就算創新者推出的產品遠遠
優於對手、而且經濟實惠，於是形成實質上的壟斷，熊彼德也
覺得這種問題不會是永久的。只要滿足以下三個條件，遲早都
會有創新帶來創造性破壞，打破壟斷的局面：

　　第一，政治人物不能誤信熊彼德的對手凱因斯。凱因斯認
為經濟體系根本上就是僵化的，於是主張透過發行公債的方式
來進行重分配，但是熊彼德認為這會約束競爭與市場創新的力
量。

　　第二，不能讓日益茁壯的反資本主義知識份子為所欲為。
這裡指的可能是大學的學者、媒體記者，又或是非營利組織、
工會或協會的工作人員，再或者是領納稅人薪水的公職人員。
這些人在資本主義制度下，個人物質條件可說十分寬裕，但這

些人的商業模式裡，卻包含了對資本主義的批判。

第三，在一個運作良好的資本主義體系中，企業應該要能好好運用名稱中就有的「資本」這項元素。企業需要資金才能推動創新，也就是要能把想法推上市場。在熊彼德看來，會推動創新的主要並非傳統大型企業，而是剛創業的公司，所以如果新創企業無法取得資本，就不可能有創新的經濟動力。

從 1911 年開始，熊彼德在他的早期著作就已經強調「投資人」對新創企業有特殊的重要性。理想狀況下，只要根據借貸市場的條件要求，企業就能以長期信貸的形式，取得必要的資本。但在實際上，常會因為資訊不對稱而無法達成這種理想。企業經常不知道要滿足什麼條件，才能取得資金。在熊彼德看來，資本市場太多元、太複雜、也太不透明了。與此同時，投資人卻也不夠瞭解個別企業，形成不必要的風險邊際，也就推高了資本成本。所以，企業常常需要一種投資人——這種投資人不但能夠提供資金，還能協助推動企業的目標；而這種投資人除了獲取利息的報酬，更重要的是能取得股份。

1930 年代末，熊彼德經歷了個人不幸的命運、二次大戰又山雨欲來，他對於市場經濟漸進式發展的邏輯，看法開始變得比較悲觀。熊彼德在 1942 年出版的後期著作《資本主義、社會主義與民主》，則是已經把悲觀的看法轉為駭人的預測，認為資本主義為求改變，反而會形成一股自我毀滅的力量，而步向衰亡，這件事勢不可擋，市場經濟也很快會被社會主義取代。熊

彼德擔心，創新最後可能只會集中在少數大公司手中，唯有這些企業能為員工提供最佳的就業條件。而且在政治壓力之下，經濟也會變得計畫性愈來愈強，破壞性創新愈來愈低。

創投新資金挹注

今天，我們從歷史的後見之明可以知道，這位充滿爭議而與主流唱反調的經濟學家，其實是洞悉了市場經濟的缺陷，並以他的生花妙筆做出總結。只不過，他悲觀的預測在根本上有些錯誤。熊彼德 1950 年去世後，在接下來的幾十年間，西方政府（特別是美國）體悟到「創新」是東西方鬥爭的決定性競爭優勢，於是並未像熊彼德所擔心的，以系統性的方式妨礙創新進步。

到了二十世紀下半葉，企業裡的主力多是受雇於人的高層主管，而不是熊彼德所推崇的那種滿懷創新精神的創業人才。銀行在核貸的時候，最先考慮的或許是可能有多大的損失。然而，熊彼德最大的一項恐懼並未成真。二戰後，如果想推動創造性破壞，資金的獲取其實是史上最容易。資本主義並沒有壓抑創意，而造成自我毀滅。

在二戰後，美國政府大力資助了新科技的發展（半導體、通訊技術、太空旅行），做為想要打贏冷戰的工具。這些科技相輔相成，奠定了資訊與電信革命的基礎。在歐洲，由於馬歇爾

計畫,銀行向企業提供的貸款十分大方,而且通常還有政府額外擔保。最重要的是,出現了創業投資(venture capital,又稱為風險投資)這種新形態的資金。熊彼德在 1943 年的一篇文章已經提出這個英文名稱,但諷刺的是,真正將理論化為金融實務的是他在哈佛的同事多里奧(Georges Doriot)——他比熊彼德早幾年從歐洲來到美國,成為一名教授,研究領域不在經濟學,而是企業管理。

矽谷誕生

多里奧在 1899 年出生於巴黎,父親是汽車工程師兼賽車手。如果要說一輩子扮演了多少角色、有多少智識上的成就,多里奧大概只比熊彼德略遜一籌。多里奧充滿創意活力,能從科學、教學與商業的交匯之處,為世界帶來全新的事物。

在 1930 年,多里奧已經是年輕的哈佛大學教授,推動在他出生的法國成立「商業進修中心」,也正是如今巴黎高等商業研究學院(HEC Business School)的前身之一,提供世上歷史數一數二悠久的 MBA 課程。而在正職之餘,多里奧也身兼法安銀行(Banque Worms)在美國與加拿大的代表,利潤豐厚。多里奧在二戰期間成為美國公民,也開啟了身為軍事戰略家與計畫家的第二人生,晉升准將階級。當時還有一些美國情報機構懷疑他是納粹間諜,與法國維琪政權勾結,以及替法安銀行洗錢。

不過這一切指控，從未得到書面證據的證實。

戰後，多里奧回到哈佛商學院任教，繼續擔任五角大廈的顧問，並且在巴黎創立歐洲工商管理學院（INSEAD，後來成為歐洲最重要的高階管理人才培訓中心）。然而多里奧發揮最大影響力的，卻是透過一個名氣遠遠不及以上幾個組織的地方。回到哈佛後不久，他與物理學家暨麻省理工學院前校長康普頓（Karl Compton）及另外兩位合夥人，共同創辦了 ARDC（美國研究暨發展公司）。

ARDC 原本只是要做為一家小型的投資公司，為戰後回歸的士兵提供創業資金。該公司在幾年之間業績穩定成長，但大眾幾乎完全沒有注意到它。這並不令人意外，雖然當時早就有不少投資人想過要在早期就投資創新企業，但當時業界的投資主流是百老匯的新表演。投資人為百老匯提供創業基金，是為了讓自己成為上流社會的注意焦點，如果能賭中一檔熱門大秀就再棒不過了。另外，戰後美國市區近郊快速發展，消費品行業蓬勃興盛，也讓大家對於投資顛覆性科技的興趣缺缺。

但是到了 1950 年代，由於一系列幸運的發展，讓一切起了變化。1948 年，貝爾實驗室（Bell Labs）的物理學家蕭克利（William Shockley）等人，研發出史上第一個電晶體，這不僅是電腦的核心元件，更是所有積體電路的核心元件。不久之後，蕭克利開始了這門生意，也請來這個領域最頂尖的人才。由於家庭因素，蕭克利把公司搬到加州山景城，開始打造出矽谷。

然而，在 1956 年榮獲諾貝爾物理獎之後，蕭克利變得傲慢而冷漠。曾經是他最親近的夥伴、人稱「蕭克利八人組」在 1957 年與他分道揚鑣，成立快捷半導體（Fairchild Semiconductors，俗稱仙童半導體），這是北加州其中一家最早的電腦新創企業。

貪婪才會贏

同一年，多里奧自己拿出七萬美元，透過 ARDC 投資美國東岸一家名為迪吉多（Digital Equipment Corporation）的高科技新創企業。迪吉多於 1968 年公開上市，公司市值來到三千五百五十萬美元，多里奧的投資成長了接近五百倍。這向全球愛好風險的投資人，釋放出兩項訊息：第一，未來就在高科技這個領域；第二，一旦賭贏，成果將極其豐碩。

相較於那位當過投資銀行家的年輕熊彼德，現在這位當上新創企業投資人的年長多里奧，可沒有把獲利輸個精光，從迪吉多之後，他的投資生涯一再創下高峰。這項發展確實可能會讓熊彼德深感欣慰，但也是他沒預料到的局面。

就在迪吉多令多里奧翻身致富的同一年，兩位快捷半導體的創辦人離職，還帶走了一位同事。這群人創辦了一家晶片新創企業，名叫英特爾（Intel）。創業資金是由快捷半導體的另一位聯合創辦人克萊納（Eugene Kleiner）所募集，克萊納正是從熊彼德所稱「創辦人的利潤」累積了財富，再靠著掌握竅門、

知道如何投資並引導新創企業走向成功，讓他一生獲利頗豐。

1972 年，克萊納創辦了凱鵬華盈（Kleiner Perkins）創業投資公司，投資和協助創立許多在接下來數十年間大展鴻圖的數位龍頭企業，包括昇陽（Sun）、谷歌和亞馬遜等等。一如許多其他創投公司，凱鵬華盈也感受到創意創業在高科技領域帶來的巨大商機。

自 1960 年代以來，有創意的企業家在美國很容易就能取得大筆資金，而其中一個成功密碼，就是號稱「將用數位科技讓社會與經濟轉型」。過去五十年間，由於能從這些追求風險的投資人那裡輕鬆獲得資本，才讓資訊科技領域掀起一波又一波的重大轉變：大型電腦主機（mainframe，成為大公司的標準配備）、微晶片發展、個人電腦革命、1980 年代的主從式架構（client-server）與軟體革命、區域電腦連線或透過網際網路而形成廣域網路，接著又有電子商務、搜尋引擎、網路廣告、數位媒體與線上遊戲的興起。正是創投業者的資金，推動了社群網路與社群媒體，促成行動網路、智慧型手機與相關的應用程式經濟同時拓展成長，還推動了線上支付與隨需交通運輸業的發展。

事實看來，熊彼德的惡夢並未成真：創業者並沒有遇上資金不足的問題，資本主義也沒有因此邁向自我毀滅。就算左派知識份子從 1968 年以來不停嘗試，也沒能成功推翻資本主義。到頭來，他們也在體制中不斷晉升，成了現在的社會民主主義份子。

而且，就算資本主義養出了一批貪婪過了頭、總想著下一季獎金紅利的企業高層，西方與日本式的市場經濟也並未停下創新、成長和繁榮的腳步；相較之下，東歐各個計畫經濟體就像是頑固守舊的偽替代品（依據關鍵經濟指標看來，這種情況要到 1989 年東歐民主化、這些國家自行放棄這種路線，才終於結束）。就算還沒計入社會主義缺乏自由的缺點，優劣也已經顯而易見。

巨人歌利亞收買大衛

要是熊彼德現在還活著，用他敏銳的歷史觀點來觀察如今數位世界的經濟，想必會有另外一套全然不同的憂慮，可能仍然覺得是一場惡夢，只不過與他之前的那場惡夢，從根本上就完全不同。熊彼德會發現，在先進的數位市場中，已經出現市場集中與準壟斷（quasi-monopoly）的情形，而且並不像過去的網景、諾基亞、社群網站 MySpace 只是一時過渡，而是似乎已經開始鞏固定形，情勢顯著且令人憂心。

舉個最明顯的例子，就是蘋果和谷歌已經成了唯二的兩大龍頭，壟斷智慧型手機作業系統與相關的應用程式商店，對這兩家企業來說，這可是重大成功。

微軟非但再次掌握了個人電腦作業系統與辦公軟體的主導地位，現在也在雲端運算這個寡頭壟斷的領域占據一席之地。

這個比爾‧蓋茲的舊帝國，靠著收購 Skype 與 LinkedIn，也取得了新的力量。

臉書集團包括臉書本身（FB 用戶二十六億人）、WhatsApp（用戶二十億人）與 Instagram（用戶十億人），連結了全球一大部分的網際網路使用者，與谷歌共同瓜分大約一半的線上廣告收入。至於谷歌，靠著買下 YouTube，征服了開放影片平臺市場，只留下小小的空間，讓像是 Vimeo 這樣的利基小眾業者存活發展。

亞馬遜搶下美國網路零售市場大約 50% 的市占率，而且還透過優質的 Amazon Prime 會員服務，不斷把網路市場做大。而幾乎可說是無心插柳，Prime 會員服務也讓亞馬遜成了大獲成功的電視影集與電影串流媒體業者，規模僅次於 Netflix。不過，串流媒體雙巨頭壟斷的局面，現在正面臨來自迪士尼的強力挑戰，但就算成了三方市場，熊彼德肯定也還是會抱持懷疑的態度。

目前各式各樣的數位平臺，不論是關於隨需交通運輸或短期車輛租賃、機票車票或旅館預約、外送餐點服務或比價、工作或自由接案媒合、又或是線上遊戲與博奕，產生的都是同樣的效果：贏家幾乎全拿。常常會有一兩位新業者能夠巧妙運用市場跟隨者（market follower）策略，多少造成一點競爭。但是在這些市場中，真正的創造性破壞少之又少；即使真的出現，這些新創業者也會很快發現：自己進到了數位龍頭業者的「殺

戮區」（kill zone）—— 就像是巨人歌利亞看到了這些新創大衛
之後，決定乾脆直接把他們收買過來。

只要是創投基金所資助的新創企業找出了創新概念，開始
威脅到數位龍頭企業，就會出現這種直接被收購的狀況，像是
WhatsApp 與 Instagram、Wunderslist 與 YouTube，以及 Skype 與
Farecast 等等。對於新創企業的創辦人來說，雖然接受收購能
夠帶來極豐碩的收益，但也算是另一種令人喪氣的事：一旦接
受收購，就無法再讓產品的發展盡如己意。而要是創辦人拒絕
被收購，數位龍頭企業常常會直接抄襲那些關鍵的創新功能，
吸引早已被綁死在自身產品體系中的使用者，而令挑戰者陷入
困境。一旦發生這種情事，再多的創業投資也救不了這些困境
中的大衛。

難以撼動現有龍頭地位

在新創業界，事情似乎愈來愈像是足球浪漫主義者對這項
運動的期許：光是砸大錢，並不能讓你射門成功。砸大錢這件
事在足球領域，有時候確實能讓球隊得勝，但是在創投領域，
就算砸下再多的創業投資，也鮮少能戰勝數位龍頭企業。

軟銀創投基金近年來接連失利，就證明了雖然過去大型平
臺無比成功，但現在絕不是砸下大錢、抄襲過去模式就能同樣
成功。而且就算有了全新的概念，並且同樣砸錢不手軟，也還

是無法撼動現有龍頭企業的地位。

這件事雖然可能讓熊彼德意想不到，但或許更是大出多里奧的預料。「創業投資」是資本市場一項根本性的創新，讓具有創意的人得以嘗試那些高成本、高風險的想法，讓這些想法真正成為熊彼德所謂的成功創新產品，也就是能夠在成熟市場站穩腳步的產品；而如果能夠在新興市場成功，那就更為理想了。例如，傳統銀行受困於法規要求與根深柢固的思維模式，又得繳出符合股東期待的穩定報酬，無論過去或現在，都不能把籌碼重押在破壞性創新上。在那個還得砸下重本、才能用微電子科技來改變世界的時代，沒有其他人願意冒這個險；但正是 ARDC 等等創投先驅業者，解決了這項資金灌注的難題。

當然，對於創投業者而言，到頭來也證明了這種在資本市場的創新，能夠帶來高額的利潤。但事後看來，「創新」在這件事的效果其實還是受到低估，而非高估。

從 1950 年代晚期開始，創投業者嘗試讓最有創新精神的人，能夠取得當時最稀缺的資源，也就是金錢。像這樣的資本重分配，讓科技創新頻頻出現飛躍式的進展，也鋪出一條康莊大道，引領西方在二戰之後進行最大規模的整體轉型：以資訊科技打底，從工業轉向以知識為基礎的社會。而針對電腦與科技帶來的大規模改變，未來學家托佛勒（Alvin Toffler）於 1970 年出版的《未來的衝擊》，就總結了這一切對社會心理的影響：如果在太短的時間內發生太多的變化，無論個人或社會都難以

負擔。托佛勒的著作除了描寫出當時普遍的感受,更提出各項事實,例如:要判斷社會變革的程度,其中一項指標就是看看創新率是否急劇上升;而如果只能挑一種指標,那就看看推出不到三年的新產品,在整體銷售當中所占的比例。

科技創新已然瘋狂停滯

如果讓熊彼德、多里奧和蕭克利八人組來觀察目前的科技與數位經濟進展,他們可能都會覺得:如今的人只是自以為活在一個絕頂創新的時代,彼此保證各種數位創新將會接二連三出現,急速並徹底改變人類工作和生活的方式。事實上,這些人(也就是我們)只是活在此時此地的虛榮浮華之中。

科技正從根本上顛覆與重塑我們的生活,而我們也欺騙自己,假裝自己活在一個科技瘋狂變化的時代,活在世界歷史的轉折點。這種想法,會讓我們覺得自己彷彿十分重要。畢竟,誰會想活在一個無聊的時代呢?但事實上,我們確實就是活在一個創新相對較少的時代。

熊彼德是在 1883 年出生,1950 年過世。在那段期間,幾乎家家戶戶都將老式廁所改建成了現代廁所,於是衛生狀況得到大幅改善。而在大眾交通方面,出現了遠洋客輪、火車與自行車。汽車問世了,電話、收音機與電影也一同誕生在世人面前。X 光機掀起醫學革命,抗生素也成為史上最強大的藥物,

人造肥料推動了綠色革命。

在熊彼德還是學生的時候，才剛剛在報紙上讀到萊特兄弟的第一次動力飛行。等到他成為哈佛大學教授，航空業已經堂堂問世。而在他去世前的十年間，電腦和核能也隆重登場了。只差一點點，熊彼德就能見證人類第一次進入太空。

至於多里奧，是在 1899 年出生，1987 年過世。去世那年，恩格爾巴特（Douglas Engelbart）發明的滑鼠已經二十歲，第一臺麥金塔電腦（Mac）早就成了過時的產品，全球各地的工廠都有機器人在工作，至於全球電腦網路的基礎 TCP/IP 協定也早已建立。不久之後，英國物理學家暨電腦科學家柏納斯－李，就會讓全球能夠透過全球資訊網（WWW）輕鬆獲取資訊。

相較於這些成就，現在的 iPhone、亞馬遜 Alexa 智慧型助理、Zoom 視訊會議應用程式，或是共享機車、Tinder 約會交友應用程式、谷歌即時資訊（Google Now）個人助理軟體，究竟能算是什麼程度的創新？科技炒作循環一波接著一波，叫人簡直喘不過氣，相關的流行語層出不窮，像在玩賓果，讓人想起法國哲學家維希留（Paul Virilio）的「極地慣性」比喻——現在這個時代的創新，就處於這麼一種瘋狂的停滯當中。

任何人只要在科技研討會上提出這種現象，例如引用經濟學家柯文（Tyler Cowen）與戈登（Robert Gordon）的研究，指出雖然創新率似乎居高不下、但生產力卻節節下滑，往往就會遭到攻訐挑釁。然而只要冷靜看看相關數據，就會知道，我們就

是活在一個無聊的時代。相較於過去一百五十年，如今的創新率低到令人心驚！縱觀一系列經濟指標，也能證實這種瘋狂停滯的印象。無論就美國、或是整體西方世界來看，生產力的提升都處於歷史的低水準。在美國的全體企業當中，新企業的數量還不到 1980 年的一半。而就專利註冊而言，愈來愈少的公司註冊了愈來愈多的專利項目，進一步顯示整個經濟體的創新能力疲弱。

綜合分析顯示，美國幾乎所有地區、所有產業部門，都因為創新動力趨緩而受到影響。從某些指標看來，似乎高科技業起初並未受到這種影響，但像是聯邦準備理事會首席經濟學家戴克（Ryan Decker）等人的研究顯示，自 2000 年初期以來，就連高科技業也明顯喪失了創新動力。

寡頭壟斷，缺乏良性競爭

近年來，紐約大學經濟學家菲利蓬（Thomas Philippon）等專家指出，造成動力與創新能力下降的一個重要原因，就在於市場集中度提高。而且，這說的還不只是在各自市場稱霸的數位龍頭企業，就連在銀行與金融服務業、航空業與電信業，同樣出現競爭下滑、但價格上漲的趨勢。

此外，在過去二十年間，美國大學就像是壟斷集團，集體提高學費，而醫療保健與製藥業也長期呈現缺乏競爭的狀態。

菲利蓬與許多學者同聲提出譴責，認為美國的反壟斷監管機構輕忽職責，未能確保市場具備多元性、有健全的競爭、以及避免市場力量遭到濫用。

雖然政府在此顯然失職，但這頂多只是部分的答案。

美國經濟數據顯示市場集中度不斷提升，當然反映出數位巨星企業崛起，擁有天文數字的市值、亮眼的報酬率、以及龐大的市占率。然而，要是這些企業真如他們與眾多科技專家所聲稱的那麼富有創意和創新精神，在市場集中度提升之際，應該不會像這樣看到創新能力降低，反而會看到培育出愈來愈多的創新事物，而且速度愈來愈快。

如果讓我們先放下所有關於「此時此地」的虛榮心，單就實際數據來看，就會發現市場過度集中、創新率下降、生產力停滯、以及整體大型企業（特別是數位巨星企業）的報酬率節節高升。這讓我們得到一項結論：自從工業化以來，以科技為基礎的創新帶來了種種好處，但我們身為顧客與納稅的公民，卻遭到雙重的欺騙，被騙走了這些好處。社會整體的進展很緩慢，比不上有良性競爭的時期。大型企業犧牲了顧客與社會，讓自己享受著獨占或寡占的投資報酬率。

如果是在熊彼德描述的條件下，這一切都不該發生，或者頂多只是短暫的過渡現象。從深圳、班加羅爾、巴塞隆納，到紐約、休士頓、舊金山，全球現在有諸多新創樞紐，也有夠多的聰明創業者，能夠輕鬆獲得創投資金。但遺憾的是，或許這

些創業者正是遵照著新創迷因那句「弄假直到成真」（fake it 'til
you make it）的格言，所以在過去幾年間，雖然這些企業的估值
被炒到半天高，但實際發揮的影響力卻遠遠不及。

資訊取用愈自由，愈能發揮創意

　　在先進的大數據資本主義中，光是具備創意與金錢，已經
不足以推動創造性破壞。前一章已提到，就算取得了可負擔的
運算能力、開放原始碼的工具、以及免費的演算法，也只會是
稍微有幫助，甚至完全沒有幫助。在這個無聊透頂的時代，真
正的稀有資源其實是「數位資訊」。雖然光有資料流動性或許並
不夠，但在幾乎所有行業與環境，資料流動性都是創新創業的
必要先決條件。掌握最豐富資料的企業，往往也就最為創新。

　　然而，就算是那些數位巨星企業，創新動力也不可能無窮
無盡。波士頓大學經濟學家巴凱（Simcha Barkai）透過一種創新
的資料分析方式發現，大型企業（包括高科技業在內）未面臨
完全競爭的時候，反而能夠收取更高的價格。所以，在缺乏競
爭的環境，就不會逼那些科技巨擘好好思考，結果反而是我們
得要付出代價。獨占了資料，就像是讓那些龍頭企業取得印鈔
許可證，而且可是大印特印，毫不留情。

　　更糟的是，巨星企業又比較容易吸引和留住有創意、受過
高等教育的人才。一方面，當然是因為那些資料龍頭企業能夠

付出高薪；另一方面，有創意、有抱負、有才能的年輕人，在未來也可能愈來愈意識到，唯有能夠自由使用巨量資料，他們才能真正在工作上發揮創意。就講一般的情況，誰會願意守在一間沒有未來的公司裡？所以，無法取用巨量資料的企業，將會先是沒有人才，接著就沒了點子，於是最後沒了客戶、也沒了資金。

資料壟斷所造成的資訊不對稱與權力不對稱，肯定會讓熊彼德大為光火，甚至願意拚上性命消除這種局面。雖然這聽起來似乎太灑狗血，但熊彼德的傳記作者就提過，在熊彼德還是年輕教授的時候，為了要讓他的學生能夠自由取得知識，他就曾經幹過這種事。

熊彼德在切爾諾夫策大學教書幾週之後，給學生開了一份長長的書單，主題包羅萬象。然而，雖然圖書館裡藏書件數足夠，某位蠻橫的圖書館員卻不願意把書都借給他的學生，於是熊彼德向那位館員發起一場擊劍決鬥挑戰。最後館員離開決鬥場的時候，肩膀上留了深深的一道傷口。熊彼德的學生可以自由借書了。

第 **4** 章

數位壟斷資本主義

大型數位企業就是要追求無止盡的經濟實力，

把其他人逼入絕境，吞噬競爭對手，

直到自己成為最後的贏家。

創投業者提爾，借用熊彼德的詞彙，

說這些贏家就是做到了「創造性壟斷」。

每次的創新都是從一個新點子開始。1960 年代中期，貝耳（Ralph Henry Baer）想出了絕妙的點子，是關於一個小小的棕色盒子。這點子後來發展成一整個產業，也成了熊彼德討論創新的教科書範例。

電玩之父

貝耳是在 1922 年出生於德國西南部的普法茲地區。1938 年在水晶之夜（Kristallnacht，納粹黨人襲擊德國全境猶太人的事件）發生的兩個月前，他們這個猶太家庭逃到了美國。貝耳受訓成為無線電技師，在第二次世界大戰期間加入美國陸軍情報部門，駐在倫敦，戰後則研究了一門大有前途的學科：電視工程。

貝耳一生中，專業職涯大半任職於國防承包商──桑德斯聯合股份有限公司（Sanders Associates），負責研發電子產品。但在工餘閒暇，貝耳也在思考電視還能有什麼用途。他忽然就想到，有些在早期大型主機上的遊戲，幾乎用不到什麼運算能力就能運作（而且別忘了，當時大型主機的運算能力本來就相當有限）。難道不能研發一些晶片，把電視變成可以玩遊戲的電腦嗎？

1966 年，貝耳說服老闆撥出二千五百美元來發展這個新點子。經過兩年開發，貝耳在 1968 年完成棕盒子（Brown Box），成了史上第一臺電玩主機。

桑德斯公司的高層覺得這項發明就是「浪費公司時間」,看不出有任何商機,但他們還是申請了專利。貝耳找上其他合作對象,在四年後將這個小棕盒子推出,成為正式登記在案的產品 Magnavox Odyssey(美格福斯奧德賽,或簡稱奧德賽)。大家很快就發現,即使只是玩具,也能靠著顛覆性的科技,創造出新市場;特別是這些玩具不但小孩喜歡,就連青少年和年輕成人也會玩到上癮。沒多久,貝耳就得到了「電玩之父」這個非官方稱號,並在多年後,得到小布希總統頒發美國國家科技創新獎章。

與此同時,電玩主機帶出的新市場,就成了經濟學家的培養皿,能夠用來觀察市場週期性的浪潮,看看新的市場參與者如何靠著科技創新,挑戰老牌龍頭企業、甚至取而代之。雖然新人能夠主宰市場,但再過幾年,等到其他平臺有了更好的設備、更有趣的遊戲,又會再次遭到顛覆。

Magnavox 先是被雅達利(Atari)逼下王座,畢竟一樣是乒乓遊戲,雅達利的 Pong 跑起來就是比貝耳的 table tennis 更順暢。接下來那幾年,快捷半導體、視界(Intellivision)、科萊科(Coleco)都讓市場大為震動,但最後真正擊敗雅達利的是日本對手:任天堂,加上旗下的超級明星「超級瑪利歐」。接下來,新挑戰者 SEGA 曾讓任天堂如坐針氈,但等到索尼在市場上推出了 PlayStation,SEGA 也就俯首稱臣了。之後,隨著微軟的Xbox 橫空出世,索尼看起來就彷彿顯得老掉牙。但是日本人又

用了能夠打破世代隔閡的 Wii，做出反擊。

史丹佛法學院的蘭姆利（Mark Lemley）與麥奎瑞（Andrew McCreary）在一項重要研究中，就以電玩主機發展史為例，指出一件如今數位經濟體系很少發生的事情：市場的新參與者，帶來真正的創新。

美國的兩大數位龍頭蘋果和微軟，都已經有四十多年的歷史。谷歌、亞馬遜、eBay 與 Netflix，也都成立於上個世紀。至於新一代的數位創新者，像是臉書、推特、Uber、Airbnb，則是千禧年後第一個十年間的產物。在如今的重要數位市場，幾乎沒有看到週期性後浪推前浪、取而代之的跡象。原因為何？蘭姆利與麥奎瑞把他們長達九十頁的論文內容，濃縮成一個詞：退場策略（Exit Strategy）。

新創企業的退場策略

我們曾在上一章談到「殺戮區」的概念，指的是創業者發展出開始威脅巨星企業的商業模式，有時候就會不小心進到這個區域。雖然從字面上看來，「殺戮區」似乎暗示新創企業是受害者，但事實沒那麼簡單。

提出「退場策略」這個詞的兩位作者，問到了一個重點：為什麼創新企業的創辦人，在企業甚至還沒正式上路的時候，根本還在勾勒想法、制定計畫、找上第一批天使投資人、研發

大家吹捧的最簡可行產品（minimum viable product）之際，就已經這麼努力在思考退場策略？身為創辦人，不是應該會希望擁有自己的公司愈長久愈好嗎？

在十九世紀和二十世紀，創辦人的退場策略往往是出於生物學的定義：等自己身故之後，再把公司留給後代子孫。但是矽谷這批創業者的經營理念就不同了，他們的重點不再是「破壞顛覆」，而是「換現出場」。有人可能覺得這話說得太重，但蘭姆利與麥奎瑞的研究提出了一些耐人尋味的數字，足以支持這項論點。

傳統上，成功的創業者與創投業者有兩種方式，能把自己付出的心力、時間和資本，變成大筆大筆的金錢。第一是公開上市，第二則是將部分或全部股權出售給另一家通常是規模更大的公司。如果採用第一種方法，創辦人通常還會繼續參與公司營運。從蘋果到 Airbnb，前面提到的所有巨星公司都是採用這種方式，這不但是創辦人的明確目標，顯然也得到創投業者的支持（至少有一段時間是如此）。蘭姆利與麥奎瑞抽絲剝繭，發現在 1990 年代，經過創投業者輔助而成功崛起、在商業上獲得成功之後，有一半的公司會公開上市。相較之下，這個比例近年來還不到 10%。成功的創辦人當中，十個有九個的退場方式，都是因為收到一紙開價大方的收購合約，來自某家財力雄厚的巨星科技企業。

截至 2021 年中，谷歌從成立早期一路走來，已經收購了

二百六十多家公司，臉書收購近一百三十家、蘋果約一百二十五家、亞馬遜約一百一十家。可以想見，相關的創投業者應該是大開香檳慶祝。

至於創辦人，或許把股權賣給科技巨擘的時候，心情是有點複雜，但大多數也早就清楚，這就是他們選擇參與的遊戲。他們身為創業者，應該要推出足以威脅那些科技巨擘的創新技術和產品。一旦成功，所謂的「殺戮區」就不是殺人或被殺的地方了，而是交易付款的區域。創辦人離開這區域的時候，個個都成了坐擁數百萬美元、甚至是億萬美元的富翁，但條件就是不能再投入性質近似的產業。

科技巨擘在收購後所發布的新聞稿裡，總會強調自己不但是買進了與現有產品組合「完美搭配」的科技，更是從這個過程得到了大批才華洋溢的人才。然而，這類新聞稿常常省略了一段更切中要點的話：「我們是收購了一位潛在的競爭對手，而且早就做好準備，願意付出高於市值的價格。」

金錢殺戮遊戲

講到要以溢價買下潛在的競爭對手，臉書一直表現得格外慷慨大方。在 2012 年，臉書就砸下大約十億美元，收購當時仍然只是小型照片社群網站的 Instagram。過了兩年，又付出二百二十億美元，買下 WhatsApp 這個通訊服務。當時，觀察者認

為這價格實在太超過了。但臉書創辦人祖克柏看到的,除了是臉書在收購案裡能得到的商機,更是看到不收購可能造成的危險:Instagram 能讓使用者橫跨多個平臺分享照片,包括臉書與推特,而當時這項功能的使用量正在迅速成長,有可能即將危及臉書的龍頭地位。

臉書當時也錯過了各種通訊服務的成長,而這些服務如果靠著各自的網路效應,或許就會發展成其他的社群媒體平臺。臉書之所以砸下天文數字的高價,買下 WhatsApp,是出於一項簡單的計算考量:消滅潛在的生存威脅。究竟砸了多少錢,其實並不那麼重要,特別是由於臉書幾乎擁有壟斷的地位,帳戶裡根本不缺錢。然而,臉書和其他科技巨擘在接下來幾年,學到了一項合理的結論:如果要把對手買下來,晚買不如早買,否則成本可能太高。

谷歌在 2008 年公開宣布,將在十年間投入二百五十億美元收購新創企業,其中收購的對象有超過 75% 是直接的競爭對手,最著名的是 Waze(位智)地圖及導航服務 —— 原本已經信誓旦旦,要推翻谷歌地圖的主導地位。

近年來,蘋果面對新挑戰者 Spotify,應對的方式也是收購高科技音樂公司,像是耳機製造商 Beats、音樂辨識應用程式 Shazam 等等。

而在執行長納德拉的領導下,可說相對德高望重的微軟,也重新加入戰場,競標熱門新創企業;但或許說得更準確,是

競標所謂的「成熟企業」，也就是已經打造出一套還算運作良好的商業模式、也有了穩固的顧客關係。對於可說已經邁入中年的微軟來說，買下 LinkedIn、GitHub、打造出 Minecraft 的遊戲公司 Mojang、以及語音辨識科技的領導品牌 Nuance，雖然投下數十億美元資金，但似乎仍然是划算的生意。一般認為，微軟股價之所以能上漲、再次躋身全球前幾大企業，原因之一就在於採取了這套精明的併購策略。

有這麼多新角色加入競逐數位創新，顯示仍然有許多創業者希望透過科技來改革世界。然而，由於數位開發的週期很短促，又普遍面臨競爭壓力，必須得到天使投資人青睞，獲得創投資金，才能加入戰局。而想和創投業者談好交易，都得先準備好一套良好的退場策略，原因就是資本家必須先看到有機會得到巨額而快速的報酬，才願意冒上較高的風險。

如今，把新創企業出售給科技巨擘的可能性，已經是公開上市的十倍。而且，由於科技龍頭願意以溢價的方式收購，這常常也是更有利可圖的一項選擇。蘭姆利與麥奎瑞的結論就指出：「原本，充滿活力的新創企業應該能夠推動熊彼德理想中的那種競爭，迎頭趕上並超越那些動作沒那麼靈活的老牌現有企業；然而，這種文化目前已經被現今的創投市場結構所強行收編。」現有老牌企業之所以願意付出高價，購入他們有可能根本不打算使用的科技，原因很簡單：「消滅潛在競爭對手，讓自己維持高水準的利潤。」

在殺戮區喪命的其實不是新創企業，而是熊彼德理想中的那種創新，而結果就是市場更集中、形成寡頭壟斷。這種遊戲耗資數十億美元，並且是以顧客與人類的未來為代價。而這一切其實並不難察覺，特別是矽谷頂尖的一位創投業者還曾寫下一本教戰手冊，更在 2014 年登上《紐約時報》暢銷書榜首。

創造性壟斷

提爾（Peter Thiel）寫出《從 0 到 1》之後，在許多關於該書的訪談，都提到「失敗者才去競爭」，接著他又補充道：「要是你想要創造並掌握長久的價值，就該追求壟斷。」從一位數位創業者的視角而言，這種說法再有道理不過了。如果你是社群網路、電影串流媒體服務或數位支付系統的創辦人，何必要把自己搞得像是零售商、航空業者或汽車製造商一樣，還得應付那些激烈競爭呢？

提爾自己就是一名訓練有素的律師，他運用自己的資金、人脈和創投業者的技能，幫助 PayPal、臉書、以及在資料分析業界數一數二的 Palantir，在各自的市場取得寡頭壟斷地位。光是這項成就，就應該足以讓他進入矽谷名人堂。然而，提爾可是獨來獨往的保守派自由主義者、川普總統的支持者、西洋棋大師、哲學愛好者、頑固的談判者、討人厭的傢伙，在矽谷非常不受歡迎。或許原因也在於，他居然就這樣大剌剌說出了數

位經濟的房間裡，有那頭醜陋的白象。

2012 年，提爾來到位於科羅拉多州的阿斯彭研究所（Aspen Institute），與時任谷歌執行董事長的施密特共同參與一場論壇。施密特講的就是矽谷平常那套故事，說矽谷之所以有如此高超的創新能力，是因為擁有豐富多元的創業圈圈，在這獨特的生態系裡，無論規模大小，都是一心一意想推動數位進展，讓世界變得更好。簡單說來，施密特就是講了矽谷最愛講的故事，而且許多後來加入科技界的人士至今深信不疑。在回應觀眾詢問的時候，提爾直接說這位谷歌高層就是「宣傳部長」。施密特顯然對此並不開心。

有幾年的時間，提爾一直住在洛杉磯，批評北加州的企業家與巨星企業已經失去了創造性破壞的能力。在他看來，這些人都有「思想從眾」的問題。提爾也認為，矽谷吸引到的已經不再是人才，而是貪婪的人。

提爾常常令人不安，除了他講話的語氣，也包括每當他提到自己的矽谷時光（正是那段時間給他帶來財富與影響力），總是用一種彷彿不過是就事論事的態度，總結著當時的準則：大型數位企業就是要追求無止盡的經濟實力，把其他人逼入絕境，和重要參與者建立聯盟，吞噬競爭對手，直到自己成為最後的贏家。

提爾借用熊彼德的詞彙，說這些贏家就是做到了「創造性壟斷」。對提爾來說，這完全是正面的詞，覺得數位新創企業就

是該以此為目標,因為「創造性壟斷代表著新產品對所有人都有益,而且又能為創造者帶來永續的利潤。」至於競爭,則代表「誰都拿不到好處,沒有具備意義上的差別,大家都只能掙扎求生存。」

對於許多數位巨星企業的執行長來說,或許寧可拚命保持沉默,也不願意公開表示同意提爾的觀點。然而他們的公司卻正是「創造性壟斷」的成功案例,而且靠著當下的收購策略,這些執行長還要確保沒有新的「創造性壟斷」會出現。

我們認為特別有趣的一點在於:矽谷文化的態度與做事方法,其實與另一套體系非常類似;但對於熱中科技的美國人來說,常以為那套體系與矽谷文化完全相反。我們根據的是麻省理工學院經濟學家黃亞生等人的著作,那套體系就是中國式的數位壟斷資本主義。

東方數位強權

中國已經崛起成為數位強權,而西方則是感到一半欽佩、一半恐懼。對此,西方常常把注意力放在政府所扮演的角色:北京透過中國國家防火牆與經濟保護主義,保護了中國自家的搜尋引擎、電子商務平臺與社群網路新創企業,讓它們在巨大的國內市場免受外國競爭。

隨著百度、阿里巴巴與騰訊(微信的營運商)的出現,這

些企業的規模與獲利能力，與美國的數位巨星企業不相上下，在某些領域的應用規模與創新，甚至還要超過美國同業。在幾乎所有重要的數位經濟領域，中國都開始出現自己的平臺，而且和美國平臺同樣健全，包括：滴滴出行就像是 Uber 的複製品，串流服務平臺愛奇藝（來自百度）及 YY 都與 Netflix 極為類似；當然還有各個行動支付平臺，已經讓中國變成一個幾乎無現金的經濟體。與此同時，華為也加入蘋果與三星的行列，成為頂級智慧型手機製造商。

只要是硬體開發扮演重要角色的領域，中國公司往往已經在技術上居於領先。在 5G 網路基礎設施技術方面，不管是諾基亞與愛立信（Ericsson）等歐洲公司，價格或品質都無法與華為競爭，而且這領域甚至完全沒有美國業者。就無人機而言，大疆（DJI）無論在創新或市占率都顯然是全球第一；而在阿里巴巴充滿未來感的超市「盒馬鮮生」裡，已經有機器人以有禮貌與高效率的方式，為顧客服務。

對於這片有無限可能的數位新大陸，部分的媒體報導肯定是有所誇大。不過，炒作循環的邏輯也適用於遠東地區，因為不論是原型、專利的第一申請案，又或是種種遠大的承諾，迎來的也可能只是希望的破滅。

在過去十年間，數位新創企業與中國政府確實共同寫下了一則令人印象深刻的成功故事。至於兩者之間的角色安排，巧妙程度其實遠超過美國與歐洲一般的想像。

中國式數位資本主義 🖱

　　西方常常會說，中國政府的技術官僚會先挑選他們認為有
益於國家發展的科技與應用，接著挑選合適的企業家與新創企
業，提供資金、以及市場上的特權與政府合約，讓這些企業在
國內成為龍頭，進而變得更為茁壯強大，最後足以征服全球市
場。

　　一直到 2000 年代，這種策略確實依然盛行，主要是透過國
營企業。如果看看中國中央發出的整體戰略文件，像是關於高
科技的「中國製造 2025」政策，或是關於行動網際網路的「互
聯網＋」發展計畫、大數據、雲端運算、物聯網，或許會以為
今日仍然如此。然而，如今在中國的創意創業現實，卻已有所
不同。

　　中國政府現在瞭解，講到創新，能夠制定計畫的只有相關
的框架條件，而創新本身並不是制定計畫就能做到的。在許多
科技領域，中國政府的做法就像是 1990 年代與 2000 年代的矽
谷創投業者，先研究重要的科技趨勢，再以相對寬鬆的標準，
透過國營銀行或半政府的創投基金提供資本，再看看哪些新創
企業與服務的創意與實踐，能夠在競爭中勝出。在這個時候，
用於擴大規模的資金有相當比例是出自於私人。

　　一般來說，中國政府並不會去制止競爭、制止收購或制止
宣告破產，反而態度還有點相反。在北京的決策者，走的路子

愈來愈像是當初熊彼德所勾勒的原始矽谷模式，把競爭視為數位創新的推力，而且就像西方國家一樣，在成功的新創企業逐漸成為市場巨擘的這條漫長征途上，中國政府並不太會多加干預。

中國政府真正插手干預的，則是一方面擋下不識相的政治內容，另一方面維持能夠取得各種資料，以用於監視與控制，特別是在百度、阿里巴巴與騰訊旗下的各大數位平臺。這些企業與政府合作密切，程度足以令西方民主國家大為震驚。

然而，中國政府之所以要取得這些資料，是因為共產黨有鐵一般的意志，一心確保政治上的穩定，也要確保政治權力壟斷在黨的手中；這一切是出於政治，而非經濟因素。至於創業精神與創業文化，中國的情況與美國其實是意想不到的類似。就算沒有政府強力介入干預，由於具備創投資金、網路效應、強調以顧客為中心、良好的物流，當然還有創業技能、活力與領袖魅力，都為中國為數眾多的「創意壟斷企業」鋪出一條康莊大道。

有些其他的發展領域，像是華為的網路技術、商湯科技的監控 AI，確實看到中國政府會透過採購合約來刺激需求，然而各家新創企業之間，也同樣有激烈的競爭，刺激著產業發展。一直要到後期，政府才會開始推動市場整合，催生類似於美國的市場結構：由少數幾家巨星企業稱霸市場，幾乎沒有競爭，而能夠取得高額利潤。

兩大數位超級強權的新戰線 🖱

當然，對中國政府來說，這些全國最大的龍頭企業也會在地緣政治上發揮重要作用。從所謂「科技冷戰」（最後一章會再深入探討）爆發的第一波小衝突，就可以隱約看出中國打算如何以技術出口，做為一種地緣政治工具，向外擴展其經濟和其他方面的勢力。

而美國政府從川普到拜登政權，則都試著以各種手段維持美國的技術優勢，包括像是讓中國企業難以取得美國軟體與高性能晶片，或是讓中國應用程式從谷歌與蘋果的應用程式商店下架，其實也就是關閉了西方的市場。

從這兩大數位超級強權的新戰線，可以看出各自的技術能力、野心與政策手段，已經變得有多麼類似。

從政治經濟的角度來看，正浮現一種耐人尋味的景象：隨著中國企業開始挑戰美國的科技霸權，美國開始在外貿上採行保護主義。

中國科技企業之所以能夠成為巨星企業、業務來到全球規模，是因為共產黨政府指示經濟官僚不要對企業發展有太多干預，而且要允許數位市場的成長「自然而然走向雙頭壟斷與準壟斷」。舉例來說，光是財付通與支付寶，就已經囊括了全中國90% 以上的智慧型手機支付。

在中國式的數位資本主義裡，並不在意什麼壟斷不壟斷，

因為只要中國政府喜歡，就能在任何時候對這種壟斷企業進行監管、轉型或解散（像是在 2020 年，就擋下了阿里巴巴旗下金融業務「螞蟻金服」的首次公開募股）。另一方面，美中還有另一個相似之處，常常遭到忽略：多年來，政府都不太會對市場多加限制，無論中國或美國，均是如此。

　　過去十五年間，美國聯邦反壟斷機構一直顯得十分客氣；倒不是缺乏資源或無力出手，而是各州政府心中各有盤算。講到要好好教訓某家科技龍頭企業、確保市場能夠公平競爭，已經是二十幾年前的事了。那是在 1990 年代，美國政府強力執行《反壟斷法》，指控微軟濫用市場力量，將 Internet Explorer 瀏覽器與作業系統強制綁定，而且也讓旗下 Office 軟體部門使用特殊的掛鉤方式連結 Windows 作業系統，得到競爭對手沒有的優勢。當時，聯邦法院本來已經下令微軟必須拆分，是微軟立刻上訴，又加上一些政治交易，才在 2001 年推翻這項裁決。

　　接下來二十年間，再也沒有其他科技巨擘面臨美國聯邦檢察官提出類似的反壟斷威脅。不同於州檢察官的狀況，聯邦檢察官再也沒有提出這種大陣仗的反壟斷訴訟，或是請求讓人望之生畏的巨額罰款。

　　但是來到大西洋彼岸，情況就完全不同，因為這裡有一位來自丹麥、充滿領袖魅力的市場競爭捍衛者，《時代》雜誌還在 2015 年 5 月號有一篇報導，題為〈為何這位女性是谷歌最大的惡夢〉。

來自丹麥的谷歌最大惡夢 🖱

韋斯泰潔（見第 18 頁）出生在牧師家庭，從小浸淫在丹麥的自由傳統當中，她有一位曾曾祖父是丹麥自由黨的聯合創辦人。韋斯泰潔是讀經濟學出身，很早就接受了競爭、選擇權、自由選擇等等市場原則，並且也把這些原則應用到其他情境當中。她思慮清晰、口才便給，對一般大眾的需求與問題感同身受，因此在丹麥政治圈迅速崛起。

韋斯泰潔曾經擔任丹麥教育部長，並於 2014 年獲提名擔任歐盟競爭事務專員。在歐盟的各個專員當中，競爭事務專員可說掌握最大的權力，有點類似美國的聯邦貿易委員會（FTC）結合司法部的反壟斷部門、再加上美國證管會（SEC）的一些權責。從歐盟成立之初，一項核心政策原則就是要確保強而有力的競爭局勢。而在韋斯泰潔走馬上任時，也矢言好好發揮她的職權。

韋斯泰潔並不是只找矽谷科技巨擘的麻煩。她對抗歐洲卡車製造商的壟斷集團，抨擊俄羅斯能源龍頭企業 Gazprom（俄羅斯天然氣工業股份公司）在東歐濫用市場力量，並反對大型電信業者的合併案。她還對萬事達卡祭出超過六億美元的罰款。韋斯泰潔深信政府需要確保市場維持競爭，而她也只會對巨星企業使出她的殺手鐧。在全球各地，沒有任何一位政治人物比她更努力對抗數位壟斷。在她任期之內，單單谷歌一家企業，

就因為反競爭行為，遭罰款超過八十億美元。

當然，不是所有人都很欣賞韋斯泰潔努力使市場充滿競爭的做法。科技巨擘、特別是谷歌，派出龐大的律師隊伍，對歐盟執委會的罰款提出上訴。對此，歐洲法院的態度則是較為猶疑，也不那麼以市場為重，因而一再推翻先前的判決，或是減少罰款。

在 2019 年歐洲議會選舉中，韋斯泰潔競選執委會主席，雖然幾個大國都屬意德國資深政治人物馮德萊恩（Ursula von der Leyen），但當時也有某些媒體跳出來，發起號召支持韋斯泰潔。

韋斯泰潔最後落選了，但是馮德萊恩並未讓她退下舞臺，而是讓她擔任執委會副主席。韋斯泰潔不但開始對所有與數位相關的事情都能出手，就連原本競爭事務的職務也一併保留。這下，不只是谷歌，而是所有科技巨擘的惡夢都成真了。韋斯泰潔的這項新職位，雖然不是晉升成為事務包山包海的執委會主席，卻是歐盟成員國發出的一個訊號，不但希望她繼續施加壓力，更要加倍努力控制資料壟斷資本主義。

韋斯泰潔現在擔任的角色位高權重，而且她對數位壟斷者的批評毫不掩飾，讓她在全歐大受歡迎。然而，也有一些重要的力量正在反撲，除了科技巨擘與它們的律師及說客，就連態度遲疑、比較不諳科技的歐洲法院也得算上一份。此外，歐盟內部也有人強力反對，代表人物可能令人意外：歐盟內部市場事務專員布勒東（Thierry Breton），他自己先前就曾擔任法國多

家大型（甚至主宰市場的）資訊科技企業及電信公司的主管。

　　韋斯泰潔結合了自由主義親市場觀點與歐洲價值觀，認為市場上應該要有競爭；布勒東則是結合了老式產業政策與歐洲價值觀，強調各國與歐洲該有自己的龍頭企業。韋斯泰潔和布勒東僵持不下，顯示歐洲對科技巨擘的立場歧異不但更深層、也更令人不安。

歐洲陷入數位躁鬱症

　　如果請來一位心理學家，請他看看歐洲現在與未來對於數位發展的心態，他可能會覺得歐洲根本得了躁鬱症。有時候看起來悲觀沮喪，但也可能在轉眼間變得似乎一派樂觀，做著各種政治白日夢，不顧一切向前衝。對於數位發展，歐洲為何如此深深不安？

　　一方面，民眾擔心資訊科技會成為強權的工具，對人民強加控制、指揮、操縱，而且一旦落入最壞的情況，更會被用來壓迫那些需要人照護的弱勢群體。在歐洲關於數位政策的辯論中，只要說到外國科技巨擘崛起的故事，總會與敵人的間諜活動牽扯在一起。例如提到美國，總會訴說前中央情報局雇員史諾登（Edward Snowden）與軍事－數位－工業複合體的故事，以及哈佛大學教授祖博夫（見第 17 頁）提出「監控資本主義」，指控蘋果、谷歌、臉書和其他科技龍頭對我們的瞭解愈來愈多、

對我們的榨取也愈來愈多。因此，也難怪祖博夫的論點在歐洲廣受關注。至於提到中國，則是會講出一套反烏托邦的說法，訴說數位工具已經重新創造出一個監控國家──以數位方式施行的社會信用體系、二十四小時不中斷的網路審查、祕密安裝的監控應用程式，強力監控著人民的一舉一動、所有連結、所有計畫。

對於這種根深柢固的雙重恐懼，歐盟試圖將它引導成一套道德論述，以數位倫理與資料倫理為重點，並以「歐洲價值」做為點綴。雖然這套論述十分重要，也頗為實用，但我們實在還是難以相信，在歐洲無論是學界、政界、或公民社會當中的中產階級，似乎都抱持著一種道德優越感，對於矽谷的「監控資本主義」模式有所輕視，面對中國的「數位威權主義」模式更是不在話下。

歐洲民眾似乎認為，無論以上哪種模式都不適用於歐洲，也認為對於基本數位權利的保護，特別是對於資料的保護，肯定能帶領歐洲走出自己的一條路，既能保護隱私、又能鼓勵政治參與，同時還能為所有人創造經濟繁榮。在這樣的討論中，總認為歐洲能夠維持獨立，用更好的方式邁向數位未來。

然而就這種論述來看，「資料保護」與「民主」大概都沒什麼問題，但第三個面向（成長、繁榮、經濟實力）卻愈來愈顯得格格不入。歐盟的各項領先經濟指標，讓人看不出喜悅的理由，在全球陷入新冠疫情前的十年間，歐盟的國內生產毛額

（GDP）年成長率只有 1.5%，大約是全球經濟成長率的一半。在全球經濟產出當中，歐洲所占的比例不斷下降，現在只剩下二十年前的三分之二左右。在很大程度上，正是因為歐洲在數位創新方面落於人後。

在歐洲提倡資料隱私的人，長期以來一直聲稱資料保護會形成一種競爭優勢，說未來全世界都會使用歐洲的雲端服務與應用程式，因為資料放在歐洲最能夠確保安全，不會被人私下讀取。

美國《加州消費者隱私保護法》（CCPA）的部分支持者也相信這種論點，並把歐洲的〈一般資料保護規則〉（GDPR）視為榜樣，希望美國法律也能仿效。然而，我們經過仔細觀察歐洲局勢，對這種論點抱持懷疑的態度。在實務上，歐洲的各種資料保護法規不過是徒具形式，消費者花了力氣去點選選項，卻無法真正為自己賦權（稍後會再詳談），也沒有帶來經濟上的好處。

自 1990 年代以來（早在 GDPR 上路之前），歐洲就已經制定了極嚴格的資料保護法規，如果這種做法有益於經濟成長、或者能夠推動對歐洲數位服務的需求，理論上應該早就已經有所反映。然而，隨便瀏覽一下全球市值前十大的數位企業，就會發現一項令人難以面對的真相：歐洲數位企業的規模與重要性，遠遠不及矽谷科技巨擘。

有許多很好的理由，都值得做為推動資料保護的原因，但

若說是藉此要在如今的全球數位市場取得競爭優勢，不是太天真、就是在說謊。因此，在關於數位政策的辯論當中，雖然還是會有人擔心數位科技造成監控，但現在已經有另一種論點浮現，愈來愈能與之抗衡：有人開始擔心，如果無法透過數位科技創造出足夠的價值，可能面臨經濟下滑的窘境。近年來，歐洲幾乎所有談到數位轉型的辯論，不論是針對特定企業、或是針對國家經濟政策，都能察覺到這種對於經濟衰退的恐懼。

資訊科技空中巴士？

在這個時候，布勒東與歐洲各國抱持同樣看法的人士就跳了出來，鼓吹一種在上個世紀曾經派上用場的政策工具：傳統的「產業政策」手段。這竟然讓歐洲的焦慮一掃而空，瞬間變成一種歡愉的篤定，覺得「舊大陸」就要以無與倫比的速度，趕上並超越那些全球數位經濟的領導者，不但會給歐洲帶來一波新的繁榮昌盛，更能營造出歐洲的「數位主權」。這些人拿來當例子的，就是歐洲產業政策史上最大的成功案例：空中巴士（Airbus）。

歐洲在 1960 年代末期體認到，彼此必須合作，研發生產的客機才能夠和美國製造商波音（Boeing）或麥克唐納道格拉斯（McDonnell Douglas）競爭。靠著政治協商、財務補貼，以及各家國營航空公司堅決下訂給予支持，幾經波折，歐洲終於培養

出一家出色的航空公司，如今不但能製造出性能優異的飛機，更是一個激勵人心的案例，證明歐洲通力合作能夠發揮的生產力。

從 2019 年底以來，空中巴士已經成為全球最大的飛機製造商，把問題不斷的同級對手波音公司，甩在背後。而目前，如果在產官兩界的支持者如願以償，歐洲納稅人也即將荷包失血數十億美元，推出一項類似的產業政策，打造 GAIA-X 這項新的歐洲數位基礎建設。

這項計畫的兩大領頭羊，分別是法國（國家計畫經濟的發源地）與德國（資料保護與數位倫理的發源地）。在 2020 年，時任德國經濟部長的阿特麥爾（Peter Altmaier），將 GAIA-X 稱為「這個十年間最有抱負的數位專案」，並稱之為「數位登月計畫」。這種態度也讓阿特麥爾得到歐洲各研究機構、資訊科技企業、產業協會、資料保護提倡者與網路決策制定者的掌聲。GAIA-X 聽起來會是一大成功，而可望承攬的企業也開始夢想著天文數字的獲利。只要瞄一眼當時參與的企業名單就知道，幾乎所有法德兩國經濟上叫得出名號的重要角色，很快都會向歐盟與各國政府寄出巨額的請款單。

GAIA-X 在提案當初，是為了扶植一個歐洲代表，與美國和中國的雲端業者相抗衡，並且也把重點著重在統一各種資料標準。原則上，這個主意其實沒那麼糟。就像熊彼德告訴我們的：有更多競爭總是好事。然而，想到要讓 GAIA-X 對抗亞馬

遜的 AWS、微軟的 Azure 與阿里巴巴的雲端服務,就讓我們腦
中浮現了幾個問題:想透過這樣的傳統產業政策,打造出一個
歐洲「龍頭」,是否可行?需要付出怎樣的代價?這樣的市場新
人,是否真有機會對抗像是亞馬遜、微軟和阿里巴巴這樣的超
大規模企業?對於這樣的民營事業,納稅人真的該承擔部分的
財務風險嗎?

數位登月計畫有如鏡花水月

在全球掀起疫情之後,一開始曾有二十億歐元的經濟振興
基金,指定用於啟動 GAIA-X 專案。但對於這麼大型的數位登
月計畫來說,大多數參與制訂金融與經濟政策的人士或許都很
清楚,這個金額遠遠不足,頂多就只像是能夠幫忙把發射臺的
地面整平而已。臺面上的那些科技巨擘雲端服務業者,光是為
了打造在概念上規模小得多的基礎建設,各自就都投入了幾千
億美元。如果想把這樣一個像是歐洲資訊科技「空中巴士」的
概念,打造成上得了臺面的雲端運算競爭對手,究竟得從大眾
的荷包掏出多少錢來?

雲端運算是一種已經高度商品化的服務。亞馬遜、阿里巴
巴、微軟和其他科技巨擘,都能夠以混合模式來經營他們的雲
端服務:不但自己就能使用,過剩的產能還能夠讓外界租用。
這些業者的資訊儲存與處理能力還會持續上升,價格也會持續

下降；到頭來，必須是市場上最有效率的業者，才有利可圖。

如果要把這與過去空中巴士的案例相提並論，究竟合不合理？雲端運算的技術創新與飛機製造並不同，不是漸進、線性的發展，而是會大步向前飛躍。各國政府並無法採用當初讓國營航空業者下訂的方式來刺激相關需求，而且競爭對手已經擁有多年的領先優勢，累積了如山一般的營運經驗，更擁有深不可測的資金口袋，足以持續進行投資。或許，歐洲的產業政策制定者不該只看空中巴士這個史上的成功案例，而該更清醒一點，看看歐洲過去的產業政策專案有多少都在數位領域鎩羽而歸，而且付出了慘重代價。

GAIA-X 做為重大產業政策專案，似乎僅是一個背負著象徵意義的政策，而且成本極其高昂。歐洲的經濟與數位政策制定者想展現自己的遠大抱負，讓人看到他們的數位主權。歐盟也深信，自己知道怎樣的科技解決方案將會推動歐洲前進，並在各國政府的指導下昂首起飛。然而，歐洲納稅人應該是很難看到這樣的資訊科技空中巴士得以起飛，更不用說是看到數位登月計畫成真了。

在回顧檢討的時候，關於 GAIA-X 最有可能被問到的問題會是：這件個案是不是從一開始就想錯了問題的根源，簡直就像是想把螺絲上緊的時候，卻拿了錘子？歐盟和各國政府該做的，不就是要公平看待所有技術，為資料導向的創新，打造出更好的環境嗎？

達爾文之海 🖱

　　布蘭斯坎（Lewis Branscomb）曾擔任美國國家標準局局長、IBM 首席科學家、哈佛大學教授，他後期為創新研究引進了一個有趣的概念：達爾文之海（Darwinian Sea）。依照布蘭斯坎的說法，這指的是一片充滿挑戰與契機的水域，創新創業家一旦表露了自己正在研究某種潛力無窮的概念，就會進入這樣的達爾文之海，但此時距離熊彼德所講的成功（概念落實成商品上市），還有很長的一段路。

　　當時，其他學者談到創新，都還把重點放在風險與失敗，但布蘭斯坎卻是刻意從「演化」的意涵來切入。達爾文之海的物種豐富，魚群種類繁多、五彩繽紛，優游其間，隨時準備大吃一頓。海中食物並不匱乏。海洋動物之間，有時候可以互相合作，實現各自的目標；但彼此之間的競爭也十分激烈——在布蘭斯坎看來，這也絕對是必要的。創新就是一場競賽，誰的想法與執行力更優異，就能勝出。

　　布蘭斯坎選擇使用「達爾文之海」這個比喻，正是因為這深刻提醒我們，所謂「健康的創新環境」絕不是只有單一的文化，也不是全然沒有對手與挑戰。達爾文之海的核心元素，就是有著多元的各種生命形式，雖然都透過適應而存活下來、成長苗壯，但接著還要持續不斷接受各種變化變異的挑戰。唯有如此，才會持續不斷出現新的產業，帶來豐富的創新。

　　幾十年來，矽谷一向就是一片達爾文之海，培養催生了許許多多的科技與商業模式，也激發許多不同的合作、共存與競爭形態。

　　一如豐富的真實海洋環境，達爾文之海也孕育了無數的贏家和輸家。在這幾十年間，如果光看規模，並無法準確預測哪一家新創企業是否能夠成功。這就像在真正的海裡一樣，就算只是被捕食的小小物種，也可能存活得非常成功，甚至進一步挑戰大型魚類。不斷流動的各種資訊與想法，滋養著這整個系統，就像浮游生物滋養著大型的海洋生物一般。

　　傳統產業政策走的是補貼、保護主義的路線，希望培養出國家的龍頭企業，並且從納稅人深深的口袋裡，掏出錢來協助支持。但是達爾文之海的概念與此大相違背。矽谷既不是由華盛頓官僚機構所打造，也並未得到國家保護主義的協助支持。對於全球各地那些打算砸下大錢（而且是納稅人的錢）的政策制定者，以為這樣就能買到高科技的成功，矽谷其實早已給他們上了一課。

　　然而達爾文之海的敵人，並不是只有支持著過時產業政策的人。從大約十年前開始，美國科技巨擘就讓達爾文之海的水量節節下降，而在中國也開始出現類似發展。無論在美國或中國，科技巨擘所處的環境都並未真正面對競爭，不但收費高於有對手時的應有水準，實際上也不如他們自己聲稱的那麼有創造力。這些科技巨擘，其實正在拖慢創新的腳步。

　　全球的國家與社會，都還沒摸清楚如何促進與維持高科技創新；不管是傳統的產業政策方式，又或是目前矽谷走的那種科技巨擘寡頭壟斷模式，似乎都無法帶來永續的前進道路。傳統產業政策顯然無法激發創新，只能將少數現有的高科技公司變成國內的「龍頭」，一方面依靠著公共補助、一方面向顧客收取過高的費用；至於矽谷的寡頭壟斷模式也會導致類似的反競爭生態系，雖然不需要浪費納稅人的錢，但仍然是有利於單一文化，並且會扼殺創新。

　　如果回到達爾文之海的意象，我們應該可以找到一個更好的答案：豐富多元的生態系，鼓勵實驗與適應。而這也可以說是回到熊彼德的概念。

　　適合用「達爾文之海」這套說法來思考的情境，是在當時科技發展的方向還不明確、預計需要有破壞性創新的時候。這時的創新方案並不明顯，而現有老牌企業又多半只著重於漸進式的改革，也就很難找出這些創新方案。

　　此時的關鍵，就是要促進並鼓勵許許多多不同的想法和概念，所以如果企業或地區的成員擁有各種不同的背景、技能與觀點，將會十分有利。這種條件並不會由矽谷壟斷，也不是只有大型老牌企業才具備這種優勢，反而恰恰相反。原因就在於大型老牌企業的文化常常要求一致，而非多元，追求的也是效率，而非激進創新。

資料：數位時代的浮游生物 🖱

　　相較於工業革命的各個時期，到了現今的數位時代，大多數的好點子已經不再需要投入大量資本，就能進行創新。如今我們已經能夠像購買一般商品那樣，購得雲端運算能力。網際網路遍布全球，數十億消費者擁有各式各樣的智慧運算設備，也就難怪霍夫曼（Reid Hoffman）這位 PayPal 及 LinkedIn 的聯合創辦人兼矽谷投資人，會把自己最近的新書命名為《閃電擴張》（*Blitzscaling*），強調數位公司擴張求的是快，而不是量。然而想要追求成功，資本與商品科技還只是必要條件，而不是充分條件。

　　達爾文之海有豐富的浮游生物。這種對生態系至關重要的資源無處不在，魚兒只要張大嘴巴，浮游生物就會自己送上門來，像是空氣籠罩著人一般。正因為在這片達爾文之海裡，能夠推動生命的最重要資源是如此的無所不在，才讓大家敢於實驗，進而帶來創新。

　　雖然創新確實會讓風險稍微提升，但只要社會能夠歡迎創新，達爾文之海就能夠生機勃勃。熊彼德很強調創業者個人的重要性。這點雖然沒有錯，但光有這點還不夠。我們除了需要有人帶來新的想法與嘗試的意願，也需要這個人周遭的社會做好準備、提供支持。創新必然有風險，過程中的實驗也可能失

敗無數次。雖然這種風險永遠不會消失,但社群與社會卻能將部分風險加以重新分配,像是投資各種支持性的基礎建設(交通、住房、教育),又或是調整法律制度,都能減輕創新創業家身上的壓力與成本。

這點對於全世界各個地區與國家來說,都有很大的鼓勵作用。布蘭斯坎和熊彼德都認為,目前還沒有哪個地方得以壟斷未來,至於工業時代所留下的體系結構,也不足以預料未來在數位時代能否成功。就算過去曾經在數位領域取得勝利,未來也不見得就能繼續;我們從目前矽谷創新與商業的動力趨緩,就可見一斑。

但與此同時,這也代表著一項重大挑戰:想要永續創新,並沒有簡單方便的藍圖可參考。想要有系統的達到這項目標,就需要訂出跨越不同層級的全面政策架構,需要投資正確的基礎建設(這裡講的比較偏向心態,而不是實體街道之類)、正確的法規架構(重在管理風險,而非逃避風險),而且最重要的是要本著熊彼德的精神,注意到熊彼德對於創業時缺乏必要資源的擔憂,務必推出一套創新的政策解決方案:現在就要讓人人得以取得開放創新所需的關鍵資源,也就是資料 —— 可以把這想像成數位時代的浮游生物。而這也是接下來兩章的重點。

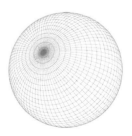

第 5 章

權力與機制

資料就像空氣，圍繞我們四周，

我們要有資料，才能促進創新和經濟繁榮，

以及做出更好的決策。

正因如此，我們應該把自由取得資料，

看得像是呼吸空氣一樣自然。

巨頭的詛咒

　　2019 年秋天，臉書高階主管肯定很希望能回歸自己的核心任務：靠著個人化的廣告，吸引更多用戶來到臉書平臺，賺進更多鈔票。先前的幾個月就是一片兵荒馬亂，祖克柏遭到傳喚，必須出席美國國會與歐洲議會的聽證會，美國聯邦貿易委員會對臉書開出五十億美元的罰款，懲罰臉書把使用者資料交給惡名昭彰的英國劍橋分析（Cambridge Analytica）資料分析公司、在臉部辨識的使用方式上說謊，以及其他相關問題。臉書承諾，將好好整頓內部流程與組織結構，解決這一切混亂，也同意接受外部審查。一直要在這之後，這家在科技巨擘當中可說最惹人厭的公司，受到的監管力道才似乎逐漸減弱。

　　但也在這個時候，美國總統大選的民主黨初選正在升溫。進步派的參選人，特別是嫻熟數位議題、曾任哈佛大學教授的參議員華倫（Elizabeth Warren），提出了關於資訊權力的問題，廣受矚目。華倫在 2019 年 3 月宣布，一旦當上總統，將會下令各家科技巨擘必須拆分。亞馬遜不得同時經營商店與商城，也必須將旗下有機雜貨連鎖品牌「全食超市」（Whole Foods）售出。谷歌也必須和 Waze 拆夥。而對臉書來說，偏向左派的民主黨人認為，必須把先前收購的 WhatsApp 與 Instagram 拆分出來，但這對臉書來說，無論在技術或組織上，都會是巨大的挑戰。

　　要求拆分可能是《反壟斷法》最極端的一項工具，可是對臉書的說客來說，這並不是什麼新鮮事。吳修銘的著作《巨頭的詛咒：企業巨頭如何統治世界》（*The Curse of Bigness*），就追溯過去標準石油（Standard Oil）公司與 AT&T 遭到拆分的著名案例，讓我們看到過去的做法。本來大眾對於臉書最嚴重的一波怒火已經平息，但線上科技雜誌《*The Verge*》又公開了一則錄音，揭露祖克柏和其他臉書員工之間的內部討論內容。當時提到民主黨提出的監管措施，祖克柏就表示如果華倫當選總統，臉書可能遭到美國政府起訴，會是件「鳥事」。但祖克柏也認為，反壟斷行動並不會那麼嚴重，他打賭臉書會贏。

　　臉書再次成為眾矢之的。雖然大家過去曾推崇這些科技龍頭是資訊革命的先驅，但這段錄音徹底反映出他們的傲慢，名聲已經與華爾街銀行家不相上下。不過，事後看來，祖克柏對員工講的話，可能比他自己想像得更有先見之明。

　　近幾屆美國總統與政府對科技巨擘的態度並不特別強硬。一方面，可能是因為矽谷是總統大選重要金主；另一方面，至少在某種程度上，最近幾屆政府手頭也有其他更重要的事得先處理。小布希總統面對兩場戰爭，實在沒心情再去解決一項有爭議的政治問題，特別是在共和黨看來，總覺得華府應該是要給大公司助上一臂之力，而不是強加管制。至於歐巴馬總統，一上任就得處理另一項重大問題：一場全球金融危機。為了對抗可能到來的長期經濟蕭條，就算是在相對偏向自由派的民主

黨看來，表現還算優秀、而且又能創造就業機會的公司，已經寥寥無幾，這時候要對這些企業採取監管行動，實在不是當務之急。雖然臉書從 WhatsApp 到 Instagram 發動了一系列重大收購，或許引人側目，讓某些人不以為然，甚至還因此開了一場國會聽證會，但臉書並未因此面臨長期的監管逆風局面。

等到川普總統上臺，風向才有了變化。推特是這位總統最愛的武器，讓他得以盡情指責各大科技巨擘，恣意批評他眼中認為這些平臺所挾帶的自由主義偏見。川普政府也針對谷歌和臉書，追究兩大企業違反《反壟斷法》的作為。然而科技巨擘受到的監管，並沒有從此跨過一道分水嶺。正如川普政府在其他領域的表現，他們無力將自己的那套說詞，轉化為長久且有效的監管措施。

巨星企業展現美國在全球的科技霸權

歷任美國總統之所以遲遲不願出手管制科技巨擘，或許還有另一項更具策略意義的原因：這些巨星企業，正展現著美國在全球的科技霸權地位。到頭來，這對於美國的經濟與地緣政治實力會是件好事。

因為乍看之下，讓市場減少競爭不但是相對划算的代價，而且從規模經濟與網路效應的邏輯看來，如果想讓美國的這些數位平臺在全球取得成功，讓市場減少競爭更成了一種必要的

先決條件。只不過，當時已經開始出現質疑，覺得這種做法難以長久。

拜登贏得 2020 年美國總統大選的時候，許多科技巨擘肯定鬆了一口氣，除了是基於他們自身的政治立場，也是因為這位即將上任的總統與華倫參議員的立場不同，長期以來無論是在國會、或在副總統任內，從未起身呼籲反壟斷。一般認為拜登總統就是中間份子，不是激進的自由主義者，沒事不會去捅馬蜂窩。對於矽谷巨星企業而言，一直希望拜登重複小布希在二十年前的做法，基本上就是放棄在法庭上與微軟進行反壟斷的對抗。

這麼想的還不只有矽谷巨星企業而已。一些美國反壟斷律師權衡利弊得失之後，也反對果斷發動全面的監管行動。他們認為：要扭轉木已成舟的收購，機會實在太小，不妨大方接受這些既成事實，而把重點放在未來，制定出循序漸進的辦法，確保創業者不再以接受科技巨擘收購為最偏好的選項。舉例來說，他們就建議應該大幅降低新創企業首次公開募股的難度；因為對創業者與創投業者的利潤來說，首次公開募股應該會比接受大型競爭對手的收購更為有利。他們也呼籲發行「創投債」（venture debt，也就是為新創企業提供銀行貸款）；這種貸款與創投資金不同之處，在於不需要創業者釋出手中的股權，也就不容易被創投業者逼迫盡快接受收購。

反壟斷律師提出的另一項建議則是「收購後鎖定」（post-

acquisition lockup）：原本的股權持有人，必須等到新創企業的科技或服務在收購方的企業內，達成某個雙方議定的里程碑，才能夠拿到出售股權的收益，這很類似「盈利結餘協議」（earn-out agreement）的做法。這樣一來，收購方企業就有動機要創造並維持對該新創企業有利的環境，讓該新創企業到了收購方企業的環境中，仍然能獲得成功。這會是很有趣的想法，因為這很有可能會徹底阻止幾乎所有的「殺手收購」（killer acquisition）或是反競爭退場機制，讓大公司再也無法表面上裝著要收購、骨子裡卻是想讓新創企業關門。

然而，把各種相對規模較小、專門著重於應對併購的措施結合起來，真的就能解決這種其實屬於結構性的問題嗎？令許多反壟斷律師與科技巨擘大吃一驚的是，拜登看來並不這麼認為。而且，有這種想法的還不只有他。

創投業者不該忘記初衷

拜登總統一上任，就任命吳修銘擔任國家經濟委員會「科技及競爭政策」總統特別助理。吳修銘曾主張要拆分臉書，也有多本暢銷著作討論科技巨擘市場集中的危險。拜登政府請來一位這樣直言不諱反對科技巨擘壟斷的人，擔任政府最高層級的顧問職務，可說是釋放出一個強有力的訊號，讓大家知道聯邦政府打算採取更激烈交鋒的路線。

　　而且還不是只有吳修銘。在他的任命案之後，麗娜・汗也受到青睞，成為聯邦貿易委員會主席。麗娜・汗當時才三十出頭，很容易讓人只看到她年輕，而沒注意到她才智出眾，政治歷練豐富。麗娜・汗也和吳修銘一樣，在哥倫比亞法學院擔任教授，著有多篇深具影響力的論文，討論為何必須對抗科技巨擘肆無忌憚的權力。她也解釋了為何現有的《反壟斷法》無力對抗那些矽谷平臺業者。而且麗娜・汗除了提出批評，更提供了一套激進的解決方案：將科技巨擘視為公用事業加以管理，就像是要管理電力業者、或是管理電信業開放之前的 AT&T。有麗娜・汗坐鎮聯邦貿易委員會，再加上吳修銘擔任總統顧問直達天聽，科技巨擘可能麻煩大了。

　　美國科技環境呈現目前這樣的壟斷結構，很有可能會變成美國科技的致命弱點。除了政府裡像吳修銘與麗娜・汗這樣的反壟斷專家對此有所憂慮，無論左派右派的智庫與倡議團體也都加以批評。

　　現在科技巨擘與創投資金之間的一舉一動，都互相配合，彷彿跳著一支經過精心編排的雙人舞，但在破壞性創業者（例如馬斯克）與創投業者（例如提爾）看來，也就很擔心這樣會讓往後難再培養出破壞性創業者與破壞性科技。這些批評的聲浪，大聲呼籲並支持行政部門及立法機構採取行動，鎖定最明目張膽的例子，阻止大企業公然收購潛在競爭對手、藉此避免市場競爭，例如臉書收購 Instagram、谷歌收購 Waze 的舉動。

他們也呼籲創投業者承擔起熊彼德當初對創投資金的期許；在二十一世紀的前十年，門羅帕克鎮沙山路（Sand Hill Road）上的創投業者也曾經未忘初衷：提供金錢上的支持，讓全新、比現有方案好得多的新概念得以上市，接著再協助這些新創企業擴大規模。

政府能下令拆分巨擘企業？

美國的反壟斷浪潮不斷升高。然而，就算監管的政府機構是基於好意，又有民意支持，能否成功仍在未定之數。所面臨的挑戰，一方面在於結構，另一方面在於政治。

麗娜・汗就提到，如果就現有的《反壟斷法》看來，科技巨擘的違法程度或許還不足以讓人下令拆分，《反壟斷法》其實發揮不了什麼作用。如果想推動其他有力的措施（例如：宣布納入公用事業），則需要發動立法行動。但有鑑於美國國會的權力平衡十分微妙，政治上又是兩黨壁壘分明，這麼大膽的提案很可能無法獲得足夠的票數支持。

在政治上，各黨各派或許都會同意有這個問題，卻無法同意該採取怎樣的解決方案。左派會希望採取雷厲風行的政府介入，而右派則會強調市場力量的重要性，並擔心反壟斷行動是對經濟活動管制太多。於是政府難以大刀闊斧，也只有極有限的法律選項能得到各方接受，像是「收購後鎖定」。雖然這些措

施在政治上過得了關，卻不足以帶來真正持續的成功。

事實就是：目前這套以「退場策略」為基礎的做法，對所有參與者來說都太方便了（至少就短期而言）。壟斷者能夠繼續拉開差距；創業者能夠快速致富；創投業者也能夠將投資的企業迅速脫手、獲利退場，減低後續風險，使投資更安全。而政府呢？在每次「歌利亞買下大衛」的交易裡，政府也能得到相當的利益。所以，擋下這種交易，對相關各方都會造成困擾。任何政治人物，只要敢對美國科技巨擘認真發動攻擊，都會被指控是要危害美國科技企業在全球市場的重大成功 ── 很少有政治人物能夠承受這樣的指控。

雖然拜登政府重新下定決心，要嚴肅對待科技巨擘的過度擴張，但在美國似乎仍然看不到什麼重大改革。相較之下，歐盟的反壟斷機構則是活躍得多。例如韋斯泰潔所率領的團隊，對美國科技巨擘開出數十億美元的罰款，確實令人印象深刻。但也正如我們提過的，這些罰款在上訴後，多半都遭到調低，而那些巨星企業一方面手中握有巨額現金，一方面獲利也是一飛沖天，要負擔罰款完全不是問題。

在歐洲議會當中，或許並沒有兩黨水火不容的問題，也願意強化各種反壟斷的法規，然而因為所有科技巨擘都不是歐洲企業，也就讓法規的效用大大受限。對歐洲來說，頂多只能阻止美國科技巨擘買下歐洲的新創公司。歐盟已經有愈來愈多相關必要的法規正在制定和公布，但這對於打破美國科技巨擘的

資訊權力而言,幾乎是毫無用處。

全球各地政府,從亞洲四小龍到整個南方世界,其實也都面臨著歐洲監管機構遇上的挑戰:矽谷巨星企業擁有如此龐大的資訊權力,各國監管機構究竟能如何有效應對?

當然,一種方法就是直接禁止美國科技巨擘在該國營運,然而這也會讓當地經濟失去某些重要服務。對於大多數國家而言,像這樣直接徹底切斷關係,絕不是可行的選項。有些國家(例如中國)在一定程度上能夠、而且也確實切斷了與美國科技巨擘的關係,但這些國家也會出現本土科技巨擘造成的類似挑戰。像是中國在 2021 年對阿里巴巴開出天價罰款,雖然肯定讓外界觀察家意外,但這種做法也只是治標不治本,並未碰觸到科技巨擘資訊權力的根源。

不讓熊彼德的惡夢成真 🖱

各國行政與立法部門,遲早都得面對管制科技巨擘的真正問題:無論是想大刀闊斧將企業拆分,又或是循序漸進採取罰款或收購後鎖定等措施,對於科技巨擘掌握資訊權力的根本問題,都只是治標不治本,並未打擊到這些企業的結構性優勢。就算砍了九頭蛇的其中一個頭,也只會看到牠遲早又長回來。

想處理結構性優勢的問題,就不能忘記熊彼德給我們的啟示。熊彼德的惡夢所擔心的,是創新能力都被少數幾家大公司

掌握，使得創新落入惡性循環：重要參與者缺乏推動破壞性創新的動機，大可坐享市場力量帶來的優勢。

而這種市場集中的過程，並未如熊彼德所擔心的在二戰之後發生，主要是因為當時創業者還能得到豐富的資金，也能靠著推出顛覆性的想法而大發利市。面對當時的大型老牌企業，創業者確實很有機會以小搏大，而且不少人也就這麼飛黃騰達了。然而時至今日，創新所欠缺的稀有資源已經不再是金錢，而是取得資料的權利——如果說得更準確，這種稀有還是人為所致。

我們觀察現在的資料經濟，會發現由於創新所需的關鍵資源難以取得，致使市場開始出現集中的趨勢，而 AI 也讓這種趨勢更為加速——這種趨勢已經讓「資料存取權」成為一種關鍵原物料了。因此，如果想用經濟政策來對抗市場集中、競爭減弱的情形，就必須關注這種結構性槓桿。

如果不想讓熊彼德的惡夢成真，想讓經濟體制當中仍然存在良性競爭，也希望強化經濟體的創新能力，就必須大幅開放資料的存取權，提供給創業者、新創企業，以及那些如果無法取得資料、就無法將概念化為創新作為的人。

如果局勢仍停留在如今的狀況，這些人也只能繼續寄望著進到殺戮區，得到某家數位龍頭的收購。但要是能讓資料的存取更為開放，使資料的流動更自由，就會讓人更有動機好好運用資料，從中創新發展。這將能讓整體經濟的創新能力突飛猛

進，形成自從第一波網際網路公司創業浪潮以來，未曾見過的景象。我們也將能更瞭解這個世界、做出更好的決策，也能將資料帶來的紅利，做出更好的分配。

歐盟期望：人人可取用資料

對於該如何不讓科技巨擘的權力失控，近期在美國出現各種提案，有的激進、有的溫和；然而「進一步開放資料」還不是其中的主流觀點。

這點其實是在意料之外，因為開放資料存取權是一種有益於市場、也有益於競爭的策略，主要目的不是要去阻礙科技巨擘，而是要同時有益於數位新創企業與成熟企業，促進良性競爭、擴大創新。自從美國開國元勛富蘭克林的時代以來，美國一直就是受到自由企業（free enterprise）、公開資訊流的基本原則所啟發，而開放資料存取權也與這樣的精神若合符節。

但是更讓人意想不到的，是歐洲政策制定者對於開放資料存取權的想法。也許有人會認為，歐洲如此重視資料保護，或許不太有興趣立法開放資料存取權。然而在 2020 年 2 月，歐盟執委會公布了數位與資料策略，而在一篇隨之發布的特稿中，執委會主席馮德萊恩表示：「我們希望資料是人人都能取得，無論是政府或民間、規模是大或小、新創企業或龍頭企業。」馮德萊恩還補充說道：「做為其中的一份子，大型商業數位業

者必須承擔責任，其中一項責任就是讓歐洲人存取他們蒐集的資料。歐洲的數位轉型不是為了只讓少數人得利，而是要為多數人帶來見解與契機。而這就可能需要在合適的時候，透過立法來促成。」

這位歐盟執委會的當家人物，已經把話說得再白不過：她的目標就是擴大開放對資料的存取權，而且在必要時會透過制定新的法規來達成。當然，歐盟的運作必須先取得成員國的共識，所以不一定總能實現執委會的抱負，至少不可能是在第一輪就一次成功。然而，馮德萊恩顯然已經提出這項宣告，要面對這項巨大挑戰。

如果從經濟局勢來看，歐盟執委會的態度很有道理。歐洲原本希望所謂的獨角獸（估值超過十億美元的新創企業）能夠對老牌數位壟斷企業形成激烈競爭，但這項希望並未實現。在過去十年間，幾乎沒有任何主要平臺市場曾經受到歐洲新創企業，用新的想法和產品加以撼動。令人欣慰的是，至少在某些利基市場，常常是在某些美國業者引起潮流之後，歐洲的數位平臺業者，例如 Spotify、全球飯店搜尋引擎 Trivago、英國金融科技 TransferWise、德國時尚電商 Zalando，經過複製或調整商業模式，也都做出了一些成績，其中某些甚至已經跨出歐洲，邁向全球。

然而，如果看到哪裡即將出現真正的創新飛躍（像是在倫敦，DeepMind 這個 AI 先驅開始成長茁壯），美國的巨星企業

就會擺出自己的金融作戰武器,直接買下這些新創企業,讓它們從市場上消失。以 DeepMind 公司為例,谷歌是在 2014 年發動突襲。而在那之後,原本屬於歐洲的 DeepMind 運用旗下的 AlphaGo 引擎,擊敗全球頂尖圍棋選手,讓谷歌取得亮眼的成功;而且現在 DeepMind 也在各方面推動著谷歌的 AI 助理「谷歌即時資訊」。

與此同時,在愈來愈多的傳統產業領域當中,出現一群年輕而又掌握豐富資料的矽谷企業,對於那些具有悠久傳統但缺乏資料專業的老牌企業,造成愈來愈嚴重的挑戰。在銀行與機械製造、零售和旅遊、行動通訊、醫療與健康領域,這樣的例子已不勝枚舉。為了阻止並扭轉這種趨勢,歐盟執委會的結論似乎認為,歐洲大陸必須在經濟、社會和政治上,進行自我改造。而其中一項關鍵因素,就是要進一步使用資料、開放更多資料的存取權。事實上,資料已是創新最重要的原物料。

資料具備無耗損性 🖱

面臨這種狀況的不只有歐洲。亞洲、非洲與拉丁美洲的社會及經濟體,同樣需要依賴美國的科技巨擘、以及中國的科技大廠(雖然依賴程度較低)。

但就算是在美國國內,科技巨擘也多集中在矽谷與西岸。雖然其他大多數地區並未得到科技巨擘帶來的數位紅利,但居

民卻還是得同樣向數位龍頭支付壟斷租金（monopoly rent，又稱壟斷地租，指的是企業因壟斷地位而能夠多取得的收益）。前面已經提過，矽谷的創新活動與商業活力正在下降，但在美國的鏽帶（Rust Belt，工業衰退的五大湖區城鎮）、陽光帶（Sun Belt，北緯 36 度線以南的溫暖州郡）、中西部或深南部（Deep South，棉花州），創新的情況也並不樂觀。數位市場不再充滿競爭，科技領域也不如以往創新。如何抑制這樣的趨勢，重新點燃創新的火源，不但對美國是當務之急，對其他地方也同樣重要。這是一個全球性的課題。

如果能選對應變的政策，不但有益於經濟的發展前景，還會決定社會對創新與市場競爭的看法。政府的政策是要創造機會，還是在懲罰現有的數位企業？我們是要展望未來，還是重新審視過去？

確實，對於現在就能自己取得資料的人而言，開放更多資料的存取權，似乎並沒有什麼吸引力。但這項議題已經引發了各方說客的戰鬥，進入拳拳到肉的激烈對抗。

站在科技巨擘那一邊的人有時候會說，強制開放資料就等於是政府沒收了那些資料。但這是毫無根據的宣傳伎倆。資料的擁有，本來就與實體資產不同，而且這在經濟上有著很合理的理由。資料是一種資訊產品，與汽車或房屋那樣的實體產品不同。實體產品通常在同一時間只能由一人使用，像是如果我坐在一把椅子上，其他人就不能坐了。但資料可就不同了，許

多人都能夠同時使用同一份資料,而且這不會降低資料對其中任何一人的價值。

這就像是去聽音樂會或看電影,觀眾人數是多或少,並不會降低音樂或電影本身的價值。同一部小說,就算有很多人去讀,也不會變得比較不精采。經濟學家把這種特性稱為「無耗損性」或「非競爭性」。擴大開放對資料的存取權,並不會讓任何人失去什麼。

資料增值的關鍵

當然,如果能獨占資料的使用權,確實能帶來競爭優勢。在資訊經濟當中,「資訊不對稱」正是價值創造的基礎之一。但我們常常忽視的是,就算是同一份資料,每個人使用的目的與方法不見得完全相同。因此,同一份資料的許多不同用途,並不會直接相互競爭。

如果能把相同的資料用於不同目的,就能創造出原本不會出現的經濟價值。將同一份資料重複使用,不但能發揮經濟效率,更能夠節省資源;比起蒐集了資料卻只用一次、甚至從未使用,會是更符合永續性的做法。此外,我們常常不清楚怎樣使用資料,才能為我們提供見解。正因為我們不知道如何使用資料才可創造價值,所以才該盡量將資料用於不同目的。

然而,就算同一份資料會被不同人用於相同的目的,這在

經濟上仍然利大於弊,原因就在於各方會出現競爭,看看誰的用法最優秀。在這種情況下,不會因為獨占原物料、形成壟斷地位,就得以永遠稱王(像是擁有鑽石礦,於是得以控制供給量、提高價格),而是看哪家企業最能夠好好運用資料、最能從資料中找出重要的見解,就能勝出。

開放資料的存取權,能讓各方不要把競爭的重點放在控制原物料,也就不會重蹈爭奪煤炭與石油等礦產資源的覆轍。這樣一來,競爭的重點將會在於資料的使用、在於資料的分析,而這也正是許多企業最欠缺的一塊。有些還在害怕走進資料經濟的企業,或許會提出反對,害怕如果有別人可以使用他們的資料,就會從中取得比自己更多的價值。但這種情況早就不是新鮮事,這就像是原物料業者開始對加工業者取得附加價值,產生了嫉妒,於是荒謬的試圖抵制,而造成無謂的經濟損失。

進一步開放資料的存取權,就是將現在只由少數人把持的權力,加以重新分配,讓許多人都得以從資料中獲益。這種做法能夠促進競爭、強化經濟,也強化那些還不在競爭臺面上的企業。許多經濟體都有這樣的企業,長期來看必須要多多運用資料,才有成功的可能。

要做到這點,除了需要專業知識,更必須瞭解增值的關鍵絕不只是單純蒐集資料,而是要去使用資料。但如今,多數經濟體仍然尚未體悟到這點。如果各國的法規皆能強制開放資料存取權,就會形成明確的經濟誘因,讓人有動機培養出正確的

心態、好好運用資料。這樣一來，在資料更開放之後，就能刺激那些數位落後者加緊腳步，進行迫切需要的數位轉型。一旦能夠取得足夠的資料，數位轉型就再也沒有推遲的藉口。

對於開放資料的存取權，質疑的人常常主張：這樣一來會讓人降低蒐集資料的動力，讓我們走進一個缺乏資料的時代。但這種說法完全沒道理。

第一，我們現在所蒐集的資料，數量是已使用的資料的七倍左右，而且有些根本就只使用了那麼一次。換種說法，就是在我們所蒐集的資料當中，有超過八成根本連一次都沒用過！非但並未創造價值、帶來見解，更因為在蒐集與儲存的過程中都需要成本，實際上是在破壞價值。要是我們根本沒從資料當中取得任何好處，卻還是傻傻的蒐集資料，過去認為是「因為有經濟誘因，所以才會蒐集資料」的說法，顯然大有問題（這樣的批評已經很客氣）。

事實顯示，我們幾乎不需要任何經濟誘因，就會去蒐集資料。理由也很簡單：我們常常是在產生資料的時間與地點，順便把資料蒐集起來，幾乎不用耗費什麼成本。而開放更多資料的存取權，並不會對此造成任何改變，反而會因為第三方使用資料可能帶來潛在價值，而讓蒐集資料的人不但更想去蒐集資料，還會想讓自己蒐集的資料在某些領域真正派上用場；這樣一來，我們就更會讓資料在經濟體系裡派上用場。有鑑於現在的資料整體使用率如此低落，可見對此確實有迫切的需求。

第二，根據資料蒐集的方式，資料其實只能反映出部分的現實。這就代表著：即使是關於同一則現象，不同的資料集會因為所用的感測器不同、或是從不同的觀點切入，永遠都會稍有不同。這代表每個資料集本身都還不夠完整，可能帶有各種錯誤，導致推論錯誤、或是以偏概全。然而，如果開放許多不同來源資料的存取權，各個資料集裡面的系統性錯誤就可能相互抵消，讓得到的結果更為正確。就這點而言，開放資料對於中小企業特別有利——能夠存取多元的資料集，就能改善從中得到的見解。

資料市場可行嗎？

有些數位政策的制定者與貿易機構認為，與其開放資料，不如成立「資料市場」，因為這樣一來，蒐集者可以回收自己蒐集資料的成本，市場也能透過價格發出訊號，指出有哪些資料值得蒐集。

表面看來，這項主張似乎相當有理。既然說要支持增加創新與競爭，照這套道理，又怎麼可能會反對以市場做為有效的交易機制與協調機制呢？然而，出於幾種原因，這項主張確實並不完美。

市場機制確實能夠有效分配稀有資源，但須有一項前提：市場上有足夠的供需資訊。然而，這正是資料市場所面臨的結

構性問題：在特定的資料集裡面，我們一開始並無法判斷是不是真的能夠找出想要的見解。購買某個資料集的人（或者說得更準確，是購買某個資料集存取權的人），有可能像是幾乎沒什麼驗貨的機會，就得買下整頭豬回家。

如果市場對於產品本身的資訊不足，就不可能訂出正確價格，買家不是付得太貴，就是付得太便宜；也像是在買樂透，不是大賺一票，就是一毛未得。經濟學家會說這是市場效率低落，沒有充分發揮自己的分配機制。而受影響的人則會說：我想買的不是這個，我要退款。在這樣的資料市場中，買賣雙方都會失去信心，不再使用這個資料市場。這樣一來，非但沒有收穫，還有很大的損失。

資訊不足帶來的挑戰，也會出現在經濟學家所謂的「檸檬」（lemon，指「有缺陷的商品」）問題裡。要是買方無法得到關於待售商品的完整資訊，就必須假設可能有一些現在看不到的缺點，出價也就會比較低。這樣一來，擁有高品質產品的賣方覺得賣不到合理的價錢，就會退出市場，而使市場上劣質產品的比例增加。

二手車市場現在正是如此，因為對買家來說，汽車的問題不是那麼容易一眼看出。而資料市場也可能遇到類似的問題，不但可能因此壓低價格，也可能使流動性下降，進而拉低整體分配效率。

資料市場勢必失靈

更糟的是，想讓資料市場充分發揮分配機制，還得先對資料擁有獨占權（例如所有權），否則也很難阻止第三方直接去搶奪別人蒐集的資料。但目前還沒有這樣的資料獨占權，必須先建立起這樣的權利，「資料市場」的概念才能成真。然而，要制定這種獨占權的法律細節並不容易，畢竟資料不像是其他各種實體貨品，所謂獨占資料的概念不見得那麼明確。最困難的一點，則在於根本不知道該如何設計這樣的獨占權。如果資料就像財產一樣，雖然能清楚知道買方能得到什麼，但也就很難要求資料的使用僅限於特定目的或特定用戶。而對許多資料業者來說，最在意的就是不能讓資料被直接轉手給直接競爭對手。如果資料所有權無法搭配這些限制，許多資料業者會寧願不把資料集放上市場。

另一方面，獨占權如果愈不像完整的所有權，才愈容易對資料的使用與揭露，訂出相關限制，進而可能讓資料持有者比較願意在市場上出售資料集。然而，或許這樣也會與潛在買方有更激烈的協商，討論究竟能夠如何使用資料、或是能否將資料揭露給第三方。而這等於是增加了交易成本。諾貝爾經濟學獎得主寇斯（Ronald Coase）在 1960 年代曾指出，如果交易成本太高，市場就無法有效發揮分配機制。

正因如此,過去所有想建立資料市場的大規模計畫都未能成功,不是供給不足,就是需求太少,再不然就是交易制度太過複雜、交易成本太高。就連微軟也不得不接受現實:原本推出 Azure 雲端平臺的時候,也曾希望能帶出一個龐大的資料市場,但只過了七年,就在 2017 年放棄了這項計畫。

市場確實有助於分配「稀有資源」。但現在的問題並不是缺乏資料,而是很少人在使用資料。而如果再去要求購買資料,等於是讓使用資料的成本再被推高。但這與許多經濟部門現在所需要的完全相反。別忘了,我們現在蒐集的資料量,足足是有得到使用(即使只使用一次)的資料量的七倍。

要去使用資料的動機若是減少了,競爭與創新就會受到影響。與此同時,使用資料的業者也得要提高服務價格,才有錢向資料蒐集者購買資料存取權。到頭來,還是顧客得要買單,而這些錢都會以壟斷租金的形式,流向那些根本已經掌握全球大多數資料的巨星企業。這樣一來,只會出現另一個新版本的熊彼德惡夢。

應強制開放資料存取權

總結來說,基於以下三點理由,在面對熊彼德的惡夢時,合理的應對措施其實就是強制開放資料:

一、靠著資料市場的方式,並無法解決問題;

二、我們須鼓勵的並不是資料的蒐集，而是資料的使用；

三、開放資料存取權並不是要去沒收資料，而是要讓資料充分發揮作用。

如果能夠強制開放資料存取，就能讓經濟體擁有豐富的資料，有可能成為全球最為創新的場域。開放資料存取的地區，就能如同布蘭斯坎（見第 100 頁）的想像，開闢出一片數位創新的達爾文之海，充滿養分、也充滿競爭。唯有如此，才能產生更多新穎的產品與想法，也讓這些地區透過創新而再生。

歐洲的教育專家和人資經理都很感嘆，雖然歐洲的大學與研究機構培育出許多年輕的資料科學家和機器學習專家，但是他們一拿到博士學位，就立刻投向美國巨星企業，領取高額薪資。

這項分析十分切中痛點。各家科技巨擘的工程技術部門，滿是拿著歐洲各國護照的年輕人，但過去是巴塞隆納、巴黎、倫敦、慕尼黑、布達佩斯、索非亞給了他們那些基礎訓練。但這絕不是只有歐洲國家面臨這個問題，中國、印度與許多其他國家，都為美國科技巨擘提供了源源不絕的年輕資料分析師與程式設計師；這些人來到美國攻讀學位，畢業後就進入矽谷的巨星企業。畢竟，科技巨擘提供的高薪，確實極具吸引力。

不過，對於這類人才來說，雖然矽谷光環仍在，但已經不再是唯一的目的地。有很大部分的中國學生開始回到中國、進入中國科技巨擘，而有愈來愈多的歐亞（甚至美國）人才也投

向中國。這對他們個人來說，或許是正確的選擇，但對於他們所離開的國家來說，就變成人才外流。

這種動態絕非無可挽回，一切還有機會改變。人才看的是機會，而機會就出現在有著蓬勃創新的地方。哪個地方能開放資料存取權，對於那些才華洋溢的人來說，就能提供更具吸引力的整體環境。

但要實現這一點，就得在資料政策上掃除過往業者的種種疑慮，讓人不再把開放資料看作風險，而要視為商機。而且，對於隱私法規也得要有不同的觀點。這對於美洲、亞洲和非洲的國家來說或許可行，在澳洲也還有可能性，但對歐洲則深具挑戰。雖然，這其實是讓資料保護這件事回歸初心。

歐洲過於信奉隱私教

全世界最早的《資料保護法》分別出現在德國黑森邦和瑞典，當時有兩個目的：第一，保護個人不因個資遭到濫用而造成損害；第二，訂出資料存取權規定，以平衡資訊權力。舉例來說，黑森邦的《資料保護法》允許議會存取邦行政部門的資料。而在瑞典，向來就有開放自由存取資訊的傳統，用來解決資訊權力集中的問題，時間比起資料保護的概念還要早了好幾個世紀。因此，像是公民收入與資產的資訊，長期以來都是開放存取，政府也就不可能掩蓋社會不平等的問題。

　　制定資料保護法規的用意，並非要禁止使用資料，而是不要讓資料的使用對個人產生傷害。正是因為在「有益」與「有害」之間畫有法律界線，才能讓公民放心自己的資料被使用。從這點看來，資料保護能達成多種目的：保護個人自由、實現資料導向的決策（特別是商業決策）、促進政治參與及民主治理。因此，「保護隱私」與「消除資訊不對稱」並不矛盾，「資料保護」與「資料存取」也是一體兩面。

　　在斯堪地那維亞半島，從法律與實務上，都能見證他們體認到這種二元性。我們也就無須訝異，斯德哥爾摩會成為歐洲人均創業最成功的大都市，而斯堪地那維亞半島的創業者也成功將 Spotify、Skype 與電玩大廠 Mojang Studio（Minecraft 就是旗下產品）打造成少數的世界級歐洲數位平臺（但是其中兩家已經被微軟收購了）。

　　相較之下，歐洲其他國家的立法者說到資料保護，唯一想到的，就只有限制個資如何使用。理論上，如果真的只限制了個資的使用，應該不會影響到使用非個資的數位創新。但是在文化影響了實務、進而對經濟造成影響之後，數位創新就確實受到了限制。

　　《經濟學人》雜誌在 2020 年 4 月指出：「如果要說歐盟官方信奉某個宗教，應該就是『隱私教』。歐盟官員與政治人物就是隱私教的神聖祭司，認為只有這套隱私律法，才能讓世人得到拯救。而像是 GDPR（〈一般資料保護規則〉）或 ePrivacy 指令就

是他們的神聖經文，彷彿只要遵守這些智慧，就能讓全世界變得更好。」

但是對歐洲公民來說，這些文本、以及那些隱私教傳教士的講道內容，常常「就跟拉丁文的彌撒一樣難以理解。」

在歐洲討論擴大開放資料存取權的過程中，我們只要對於「資料保護」這個教條有任何一絲質疑，就可能被人貼上異端的標籤。但同樣的，那些信奉資料保護的大祭司們滔滔不絕，也已經有愈來愈多人聽不下去，懶得再聽。無論是在家裡、公共場合或工作上，這些人都發現各種太僵化的政治教條（包括資料保護在內）都是弊大於利。這在全球新冠病毒危機期間，感受更為明顯。對於許多不熟悉資料運用價值的歐洲人而言，疫情帶來的問題讓人開始發現，原來豐富的資訊能夠對個人與社會帶來許多好處。

舉例來說，封城期間，是不是最好還是能透過視訊方式，讓兒童可以和同學一起上課，學習不中斷？還是家長可以為了保護孩子隱私，要求不要全班共同遠距上課？教師提供在家學習的數位工具時，資料保護官員說要對此開罰，這是否合理？在疫情期間，能不能因為公司的時間記錄軟體出於資料保護因素而無法在線上使用，就要求員工不得居家辦公，而必須回到可能受病毒汙染的開放式辦公室？如果要打造一套追蹤聯絡人的應用程式，卻又不允許它蒐集任何有用的資料，這樣一來是否還有意義？

歐洲數位弱點表露無遺

新冠疫情殘酷揭開了歐洲的數位弱點，顯示歐洲缺乏相關系統，也缺少運用這些系統的能力。而最重要的是，歐洲為了「盡量減少資料的使用」這項莫名其妙的原則，付出了昂貴的代價：功能失調。在這個擁有豐富資料的時代，對於這項最有價值、也可能是最有用的資產，卻刻意讓它形成「結構性稀有」的局面，實在沒有道理。

自 2018 年 5 月 25 日起，歐盟成員國都必須執行 GDPR。這項資料保護法規最初的目的是希望透過資料存取權的概念，為個人、組織與機構賦能；然而 GDPR 上路後的效果卻事與願違。GDPR 有近百條的條款，卻幾乎沒有任何一條在處理整個社會的資訊失衡問題，或是應對資訊權力集中的狀況。只有在最後，這項傳統才終於勉強在資料可攜權（data portability right）的條文中倖存，提到消費者有權要求資料處理業者將消費者自己的資料提供給另一位業者。然而在實務上，卻幾乎沒有看到資料可攜權付諸實踐。

從本質而言，GDPR 是用法律來剝奪某些權力，規定了哪些資料不得由誰來儲存、處理或分析，也過分強調「取得同意」的重要性。結果就是，因為一小群人，就可能讓許多人無法發展潛在的利益。這在某些情況下確實可能是適當、也是必要的，但在實務上的影響卻不僅如此。由於大多數的非個資，

多少還是能連結到某些「個人可識別資訊」，雖然通常不會有違法問題，但只要組織或企業覺得可能有疑慮，擔心資料保護執法人員會有意見，常常就足以讓他們決定將某些自己擁有的資料束之高閣。這種狀況不會只發生在疫情期間，像這樣刻意、人為造成資料的稀有，對於經濟與社會都可能大為不利。

相較於全球的數位現實，歐洲自成一格的資料保護做法，幾乎成了另一種宗教，形成歐洲獨有的局勢。其他地方的巨星企業所擁有的資料，遠超過歐洲同類企業；而在歐洲少數的資料導向企業，擁有的資料又遠多於歐洲其他的數位落後者。從經濟角度看來，比較明智的做法會是協助賦權那些缺乏資料的人，讓這些人學會使用資料、培養出相關的專業，而不是對這些人設下重重限制，卻又允許數位壟斷者自由榨取這些人的資料寶庫。

像這樣的資料政策典範轉移——從「人為造成資料稀有與權力剝奪」，走向「廣泛的協助賦權」，就能讓目前資訊權力集中的情況下降，也能將這場創新大賽帶到新的層次。

歐洲的資料保護做法，對我們是一大警訊。國家與社會的政策重點如果太過狹隘，就會失去整體觀點，見樹不見林，只追求資料保護與資料稀有，卻忘了它們最初的價值——確保社會與市場不會出現嚴重的資訊失衡。

已經開始有幾個歐盟國家的政府注意到這項問題。或許正因如此，歐盟執委會才會政策大轉彎，開始走向開放資料存取

的方向。而且這也是在提醒從亞洲到美洲的其他國家，社會現實都不是天生如此，它會受到政策的形塑：做對選擇，就能勝出！

資料就像空氣，圍繞我們四周

我們目前的局面就是：有太多資料資源還沒能得到好好運用。當初取得並儲存資料的那些人，常常並沒打算要把資料拿來做什麼用。這些未經使用的資料，無論在經濟上或社會上都不會創出價值。但這些資料就是存在，有可能是因為偶然就產生，也有可能是因為蒐集的成本太低，於是就算還沒想到要做什麼用，姑且先存起來再說。

有人擔心，如果用法律規定企業必須開放部分資料，供外界存取，這些企業會寧願不再蒐集資料。但這種想法是太過杞人憂天。我們相信：等到企業無法再因為「獨占資料的存取權而取得以資訊為基礎的霸權地位」，反而更有動機投入更多資金，發展資料專業，創造以資料為基礎的創新，以及開創資料導向的商業模式。屆時，平臺企業將不再能壟斷資料。這樣才會回歸到熊彼德對於創新的概念：企業的競爭優勢，是來自於在資訊經濟當中最重要的技能——有能力從資料中找出見解，打造出更好的產品與服務，造福客戶和社會。

如果全面規定要求開放更多資料，將有助於讓個人、企業

與機構運用「資料」這項資源。雖然今日的資料壟斷者或許無法再獨占手中的資料，但他們同樣也有權力得到更多其他人的資料。在先前的討論中，有些傳統行業的代表告訴我們，擴大開放資料原則上是件好事，但有個前提：我們要去存取那些數位龍頭的資料，但他們可不能來存取我們的資料。

這就像是想去游泳，卻又不想淋溼。這種單方面的資料開放，除了不公平，也會因為仍有大批資料未得到使用，而不利於創新。此外，也會牴觸開放與國際合作的價值觀，還可能引發新的貿易戰。資料重商主義（data mercantilism）不是好主意，會把共享資料看作一種零和遊戲，認為互相開放資料就等於失去對資料的控制，將會導致競爭壓力，所以必須不惜一切代價加以避免。但這是錯誤的想法。這種想法不但具有破壞性，也顯示出令人驚訝的缺乏自信。

要是人人都把資料開放出來，就能讓人人都得利。從經濟上的觀點，資料就像空氣，圍繞我們四周，我們要有資料，才能促進創新和經濟繁榮，以及做出更好的決策。正因如此，我們應該把自由存取資料，看得像是呼吸空氣一樣自然。

這或許聽起來像是在做白日夢，但這確實是可行、能夠實現的。如果我們態度堅定，決心將資料應用到商業、政治與社會等面向，數位化總有一天能夠實現其中一項遠大的目標，讓原本只屬於少數人的資訊引擎，成為讓人人得到賦權的工具。

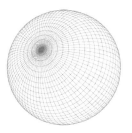

第 **6** 章

開放資料存取，
就是王道

有些原本看似無用的資料，

如果能開放，拿來回答一些不一樣的全新問題，

就會變得價值百倍。

而通常都是第三方、局外人，

才問得出這樣的新問題。

1950 年代晚期，加州北部的聖塔克拉拉谷有名的是肥沃的土壤，而不是微電子、半導體或電腦先驅。1951 年，在史丹佛大學已經建起一座「工業園區」，但這片土地主要仍然是許多的果園和果樹，在轉型成為矽谷的路上，起步並非一帆風順。

在 1960 年代中期之前，美國的高科技中心都還在東岸，位於波士頓市郊，稱為 128 號公路，正是以麻州通過當地的那條公路命名。當時，以哈佛大學與麻省理工學院培育出的人才為基礎，加上多里奧（見第 60 頁）等人提供的創投資金，就讓這條「美國科技公路」旁，湧現了幾十家科技公司，包括多里奧投資大獲成功的迪吉多，以及由迪吉多的前工程師成立的迷你電腦先驅「通用資料」（Data General）。

等到 1950 年代晚期，128 號公路已經出現超過百家創新型新創企業，員工人數將近兩萬。再過十年後，高科技企業的數目已經超過一千家，像是：王安電腦（Wang）著重於辦公自動化領域，雷神公司（Raytheon）專注於雷達及微波技術，寶麗來（Polaroid）是拍立得的先驅。業界觀察家把這番景象稱為「麻州奇蹟」。但是到了 1980 年代末期，魔法黯然退色。

短短幾年內，多數新創企業都落得破產或遭收購的下場。如今，迪吉多、通用資料、王安電腦都成了只能在歷史書裡找到的名字。只有雷神公司透過併購、以及五角大廈雄厚財力的支援，才能在今天繼續存活。那些站在科技發展最前端的優秀思想家紛紛離開東岸，向西移動。新興的半導體業在加州北部

迅速發展，而在 1971 年，科技記者霍夫勒（Don Hoefler）首創
「矽谷」一詞，一方面直指這個產業的關鍵原料，另一方面也是
在談這裡有某種跨越企業界限的不同合作形式。

矽谷與 128 號公路的文化與競爭

　　薩克瑟尼安（AnnaLee Saxenian）是研究 128 號公路衰落、
矽谷崛起的頭號專家，她在 1994 年比較這兩地興衰的著作《區
域優勢》很快就成了經典作品，即使成書已經是四分之一個世
紀前的事了，書中的分析仍然切中要點，發人深省。

　　長期以來，薩克瑟尼安一直對矽谷很感興趣。她一開始是
從都市規劃出身，碩士論文寫的就是矽谷高科技繁榮帶來的壞
處：土地價格暴漲、租金難以負擔、居住空間不足、交通基礎
建設塞爆。然而，矽谷就是成功了。矽谷的吸引力，想必是來
自更深層的因素，比較不在於實質層面，而在於智識層面。薩
克瑟尼安開始研究矽谷的人如何互動，資訊與知識如何流動。
她的發現令她讚嘆，也發現這與她在波士頓地區成長的經驗截
然不同。於是她又回到東岸，在麻省理工學院待了一年，研究
128 號公路沿途高科技公司的興衰。

　　東岸的科技公司，採用的是垂直整合、階級分明的組織，
以工業化的商業模式為基礎，注重規模經濟與市場力量。這一
套模式從數位革命開始、到 1970 年代之間，都運作良好，但接

著在北加州就出現了新的競爭對手,這群對手的行事節奏大不相同,刻意拋棄了工業化大規模生產的心態。

西岸全新的新創企業文化,採用的基礎是自由開放的資訊流動、去中心化、競爭性合作。在這個新的科技樞紐地區,有史丹佛大學提供精英人才,而各家科技企業也會聯手取得成功所需的各項基本元素。但與此同時,各家企業也會激烈競爭,透過創新來創造價值。矽谷之所以能從 1960 年代中期開始迅速竄起,正是因為當時有著一種幾乎就等同於開放資料存取權的文化,讓各方的資訊得以公開交流。來自不同新創企業的工程師,下班後會到各家酒吧和咖啡館聚會,分享彼此的經驗,這是在 128 號公路那邊難以想像的。

年輕的西岸工程師是靠著「開放」來促進並延續資訊的交流,促成技術的創新。矽谷的員工常常跳槽,每次都是帶著他們學到的知識,從這家新創企業跳到下一家。在加州法院上,不可能允許雇用合約出現競業條款。創投業者也發揮他們的作用,會同時投資數十家新創企業,並以董事身分主動刺激並支持資訊流動。例如,全錄帕羅奧多研究中心(Xerox PARC)的資訊塑造了蘋果的麥金塔電腦,而麥金塔又成了微軟視窗作業系統的靈感來源。

1990 年代初期,矽谷首屈一指的八位晶片專家,決定相互分享資訊,也互相授予專利的使用權。在這種共享資源的基礎上,他們彼此競爭,研發最創新的晶片。當時的兩大硬碟製造

公司希捷（Seagate）和昆騰（Quantum），也在 1992 年簽下類似的協議。像這樣公開分享資訊、進行激烈但又公平的競爭，後來常稱為「競合」（coopetition，又稱「合作競爭」），目的正是要透過創新來創造價值。

在 128 號公路上看不到這樣的景象，甚至連能讓工程師聚會的咖啡館都沒有。在公司之間沒有資訊流動，也沒有組成專利聯盟（patent pool，又稱「專利池」）。各家公司的高層之間，都是抱持一種懷疑敵人的態度。

薩克瑟尼安在《區域優勢》提出的一項重點是：矽谷能有這樣的魔法，並不是因為加州氣候比較好，或是因為比較靠近史丹佛和柏克萊，而是資訊能夠公開流動，而且企業有著去中心化、頗有彈性的架構，使這種流動得以實現。這種條件成了創新的源頭與基礎，讓矽谷及這裡的企業以創新而聞名。之後全球的電腦開始透過網際網路互相連結，更進一步推動了資訊自由流動的理念。

矽谷的競合文化變質了

然而，時間到了 2000 年代，隨著某些企業開始變成數位巨星企業而主導了市場，它們也開始與矽谷的文化歷史相互決裂。谷歌、臉書和蘋果靠著前無古人的創業精神、合作創新的文化，打造出各自擁有豐富資料的平臺，也從中獲利無數。這

些數位龍頭發現，光是擁有資料存取的獨占權，就已經能帶來穩定的獲利，他們不用再把希望寄託在那些理想高遠、但常常失敗收場的「登月計畫」。從那之後，這些企業就愈來愈抗拒開放資訊與創新的文化，但主要是透過一些不易察覺的小動作，而不是大剌剌的公開表態。

舉例來說，他們會在公司園區裡提供壽司吧、瑜伽課和沙灘排球，好盡量讓員工留在公司裡，免得他們下班後跑去和競爭對手的員工小酌一番、交換資訊。至於開放資訊流的原則，只能應用在自家公司的平臺，因為在這些具備豐富資料的平臺上，仍然適用那條簡單的公式：愈能獨占資料的使用，帶來的利潤就愈高。就精神內涵而言，現在的矽谷已經變得比較像是1970 年代波士頓的 128 號公路。對於世界各地的高科技聚落而言，這其實正是大好的機會。

薩克瑟尼安後來擔任加州大學柏克萊分校資訊學院院長。她是從資訊經濟學家韋瑞安的手中接過這個職位，而韋瑞安則成了谷歌的首席經濟學家。然而，薩克瑟尼安看著矽谷近來的轉型，看著科技巨擘的影響力與日俱增，心情有些複雜。矽谷原有的魔力漸漸消失了，但是薩克瑟尼安依然一如往常犀利、敏銳、深具遠見，她已經將眼光轉向全球其他地區。那些地區就像是有著矽谷的 DNA——具有去中心化的生態系，資訊自由流動，充滿競爭。

有人問她，目前有哪裡的創新引擎正在全速運轉？她的答

案是以色列這個「新創國度」，許多矽谷原本所具備的特質，都在這裡保留了下來。

谷歌併購ITA軟體的啟示 🖱

前一章提過，美國反壟斷監管機構過去二十年一直高枕安眠，多半讓數位巨星企業為所欲為。但是在 2011 年 4 月，卻有一小段時間突然醒來。當時，美國司法部允許谷歌以七億美元的價格收購一間位於波士頓、名字有點乏味的新創企業「ITA 軟體」（ITA Software），但這項許可卻附帶了一條耐人尋味的限制條款。這個案例值得我們細看。

ITA 是在 2006 年於波士頓成立，五年後所擁有的班機預訂資料，可說是首屈一指，勝過其他任何同類業者。各家航空業者銷售機票的時候，會透過自家的網站，又或是 Bing Travel、Kayak.com、CheapTickets 等線上平臺；而 ITA 提供的就是這些機票預約與購票的「後臺」服務。憑藉這項專業、以及一億美元的創投資金，ITA 征服了一個有趣的市場 —— 先前谷歌旗下的「谷歌航班／機票」（Google Flights）可是經過百般努力，才好不容易在這個市場占到一席之地。

谷歌收購 ITA，聽起來就像是新創企業進入殺戮區的老故事：歌利亞打算把大衛買下來，免得大衛對自己造成危險。然而美國司法部雖然允許谷歌收購 ITA，卻列出一項重要前提：

谷歌必須允許其他人,包括(且特別是)直接競爭對手在內,存取 ITA 所取得的資料。

大眾很少會注意美國司法部這項條件的細節。但相關領域的專家卻認為這是一個重要、可能深具影響力的訊號,所代表的概念也從此得到了全球關注。前面提過,歐盟執委會曾推動進一步開放資料存取權。而至少在歐洲各國國內,也都醞釀著這樣的討論。像是在德國,執政聯盟的其中一黨就支持立法,要求全面開放資料存取權,以符合該黨的宣言。而在荷蘭,各個智庫與政策制定者也都努力想把資料存取的限制再放寬,部分原因也是希望讓荷蘭更有競爭優勢,能夠吸引創新創業者。至於英國與瑞士,也在討論類似的政策立場。

美國司法部在谷歌收購 ITA 時的裁決,也為相關討論帶來一些靈感。裡面特別有啟發性的一點,就在於這件事情畫上句點的方式。這項資料存取權的要求帶有時限,於五年後到期,而谷歌也就在到期日的隔天,立刻停止免費存取。一夜之間,許多第三方業者再也無法自由存取自己服務過的資料。

這給我們上了重要的一課:對於開放資料存取權的規定,不能有日落條款。對於創新創業者來說,必須要能夠確保持續得到資料的存取權。但這該怎麼做,又得克服哪些法律障礙?在技術上該怎樣實行,才能既確保資料安全,又能以實用實惠的方式開放共享資料?有時候,要找出答案,並不像那些心存懷疑的人所以為的那麼困難。

哪些資料？開放多少？要誰開放？

第一個問題是：要求開放的時候，究竟要開放哪些資料？顯然，不會是那些受到法律保密義務約束的資料。在許多地方的法律中，此類義務適用的對象除了個資，也包括商業機密。所以會被要求開放的只會是「非個資」或是已經「去個人化」（depersonalized）的資料。這樣也就很明顯：要求開放資料，並不代表要國家從此放棄資料保護。

以谷歌為例，會被要求開放給第三方存取的資料，可能是「前一百萬個最流行的搜尋詞彙」（以及最常見的拼寫錯誤），但不會是谷歌帳戶資訊、或是用戶的 IP 位址。而亞馬遜必須開放的資料，可能是賣出了哪些產品品項，但不會是售出的頻率或賣家身分。不論是整體的搜尋詞彙資料、或是產品品項名稱，都不算是機密資料，而是能夠開放共享的非個人資料點。

還有一項關鍵在於：開放存取並不代表第三方就能存取所有資料，而是只能存取一個小型的子資料集。為了甚至要更進一步促進競爭，或許可以用業者的規模大小，來規定需要開放的百分比——如果是像谷歌或亞馬遜這樣的大型業者，就需要比小型業者開放更多資料。而這種安排，就等於刻意扶植新創企業與中小企業。事實上，要求開放資料，對中小企業和新創企業會有許多好處：

第一，讓這些中小業者得到資源，能將自己創新的想法，

轉化為真正可上市的產品或服務。

第二，由於大型企業早就握有大量資料，相較之下，開放資料存取權能為中小企業帶來更大的幫助。每額外再取得一個資料點，對於大型企業的價值絕對不如中小企業能夠從同一個資料點取得的價值。如果打個比方，就像是同樣得到一百萬美元的創投資金，這對奇異或西門子來說，幾乎沒什麼感覺；但對一家小型新創企業來說，會是一生僅一次的機會。

第三，對於原本只有單一資料來源的企業而言，能夠取得多元的資料，格外有意義。因為這通常能夠改正資料蒐集時的系統性錯誤，而讓我們從資料獲得的見解更可靠。

第四，只有一定規模以上的企業才必須開放自己的資料，例如營收超過二千五百萬美元、或是顧客超過一萬人的企業。這樣的安排是為了避免讓小型企業承受額外的負擔。但反過來說，小型企業要求存取資料的時候，也必須提供一些回報。這樣一來，才能避免有些自私的業者拿個不停，卻什麼都不給。

至於相關的門檻值，可以採用一些比較容易理解的標準，例如「營收」或「顧客人數」這樣的簡單指標，就比「市場占有率」這樣的複雜指標，更容易判斷與驗證（因為有時候不好判斷「市場」如何定義）。

這樣一來，既能明訂開放存取權的規則，也能避免企業為了操弄這套機制，而刻意淡化自己的巨大市場力量、或是誇大所在的市場規模。簡單來說，只有一定以上規模的企業需要開

放資料，而且規模愈大，就需要開放愈多資料。

至於規模較小的企業，也可以選擇自願加入這項機制，一旦加入，也得有所貢獻。只要小型企業認為自己準備好了、夠強壯了，當然也能承擔開放資料存取權的義務。

矽谷四大龍頭勢必低頭

對於這種開放存取權的要求，有些批評者認為：這不可能在全球全面實行，因此矽谷四大龍頭 GAFA（谷歌、亞馬遜、臉書、蘋果）依然能逍遙快活。

當然沒這回事！以 GDPR 為例：科技巨擘並無法以「總部不在歐洲」為藉口來迴避，只要想在歐洲做生意，就必須遵守歐洲的規範。而在各國國內也是如此。澳洲在 2021 年初也通過一項法律，要求像是臉書這樣的社群媒體平臺，必須付費，才能在平臺上刊出由澳洲新聞業者產製的當地新聞。一開始，臉書還曾威脅不讓澳洲用戶閱覽新聞內容，但澳洲國會並未妥協。等到法律通過，臉書也就迅速與澳洲媒體簽約達成協議。

除了歐洲和澳洲的例子，其實還有許多其他案例：中國逼迫蘋果與微軟遵守其規則，土耳其讓 YouTube 乖乖讓步，法國也好好約束了 eBay 和雅虎。

對於各項看來可能不利於業務的法律，科技巨擘確實不會太高興，但只要背後的市場利益夠大，就足以讓他們低頭。要

求開放資料存取權也不例外。這不只是在法理上可行,而是有治理的實例,證明各國確實能有所作為;只要數位壟斷者還想做生意,就必須遵從。

剛好,GDPR 的案例也點出這對於科技巨擘同樣會帶來好處。至少在一定程度上,GDPR 會讓人對線上互動(與交易)產生信任,於是讓這些業務得以發展蓬勃。而講到資料使用,雖然企業被要求開放資料,但這也代表從此能夠參與一個創新的生態系。就算是科技巨擘,雖然助益較小,但能夠存取他人的資料仍然是好事一椿。至於對政府而言,「能否參與」就會成為執法時的重要工具。要是企業違反需要開放資料存取權的義務,就有可能被逐出這個資料生態系。

資料穀倉是孤島思維 🖱

規定要各方開放資料的方式,從制度與結構來說,有許多不同的選擇。這裡可以分成兩大關鍵議題來談。第一,資料是集中儲存、再讓各方都向中央單位請求提供資料,還是讓資料持有者與請求者直接完成本地資料交換?第二,資料存取是否附有其他要求(例如必須再取得他人的同意),又或者基本上就是對所有人開放?

對於習慣大權在握的政府來說,或許會比較想建立起整套資料共享基礎設施,再由自己來管理。這就像是建立一座巨大

的資料穀倉，而能夠讓第三方來穀倉取得資料。

然而，並不是所有狂妄的美夢（包括上面的穀倉幻想）都能成真。簡單來說，集中式的資料穀倉不切實際。很多資料都會不斷變動，會有新資料不斷加入，而舊資料也會不斷更改、刪除。資料一旦出現改變，即使根本還沒有人要求存取這些資料，也必須傳送到中央資料穀倉做出修正。這樣一來，代表著需要不斷更新大量的資料，這並沒有任何直接的理由或好處；這樣做不但昂貴、難以為繼，更沒有必要。而且，如果企業以後不能決定自己想把資料儲存在哪，只能被迫存在中央資料穀倉裡，甚至還會造成更多更嚴重的問題。

此外，這樣一來也無法簡化程序，因為所有企業的所有資料都必須隨時儲存在中央資料穀倉，才能在每次收到資料請求時，進行隨機選取（第三方不能取得完整資料，只能取得部分樣本）。而且，中央資料穀倉也會讓資料安全風險提高，因為對於全世界的駭客來說，這會是極具吸引力的目標，只要能夠成功入侵，就是整個國家的巨大資料寶庫任君享用。

相對於中央資料穀倉，另一種模式是在資料請求者與資料持有者之間，直接進行去中心化的資料傳輸。這種做法是讓各家企業繼續管理自己的資料，不但比較實用，也比較便宜。只有在確實收到請求的時候，才需要進行資料傳輸，而沒有事前傳輸到中央資料穀倉的需要，就能減低資料傳輸的經常開支費用。這種去中心化的模式，也具備網路安全優勢，即使某個部

分遭到入侵,受到的影響也有限,整體系統將更具韌性。

討論集中儲存與去中心化儲存的優劣時,會有人指出:如果採用集中式資料穀倉,儲存的資料當然會經過加密,不用擔心駭客問題。另外也可以透過「資料受託人」(data fiduciary)的機制,監督資料的管理與存取。

然而,這兩種做法的幫助都有限,畢竟不論再怎麼加密,一座巨大而又珍貴的資料穀倉總是會引來風險。近年來,許多理應經過安全加密的資料庫都曾遭駭客入侵,對於那些認為這絕對安全的人來說,應該足以做為警訊。至於培養新的「資料受託人」專業角色,無論是從技術或組織的客觀角度、或是從民眾個人的主觀角度,都無法解決安全風險問題。是要讓誰成為受託人?我們為什麼要相信他們?控制著大筆資料的「資料受託人」會不會變成是大型電信公司?又或是一群很懂法律、卻幾乎沒有科技專長的律師?

有些評論者認為,唯有政府(無論是國家、州、或是地方政府)能夠成為合適的資料受託人。但從許多國家政府的數位能力看來,即使姑且不論建置集中式資料穀倉的成本,仍然很難讓人有信心相信政府能夠挑起這樣一個重要的技術職務、讓資料穀倉運作順暢成功。如果是去中心化的模式,資料是直接從持有者傳輸給請求者,這種方式更有彈性、更精簡、效率也更高——當然也就是更好的方式。此外,這種模式也不需要有任何的中介機制。

應採取開放、去中心化架構 🖱

資料存取權的第二項重大決定，則是究竟要採取開放式或閉鎖式；也就是說，是基本上人人都可參與？還是僅允許特定群體參與？

用技術術語來說，問題在於要打造一座封閉式的資料池、或是開放式的資料存取系統？例如 GitHub，這是全球最大的開放原始碼平臺，現在隸屬微軟旗下，幾乎是人人都能夠輕鬆使用，你可以從平臺下載原始碼，也可以把自己的程式上傳到 GitHub。這就是一個大致上採取開放式的系統。相對的，加州資料合作組織（California Data Collaborative）負責管理一座關於加州用水的資料池，這些資料都經過清理、標準化與加值強化，只有組織成員才可存取，而成員主要是加州當地的水務機構。

各地政府現在正為了這項決定而大傷腦筋。例如在 2020 年 2 月，歐盟執委會宣布將打造所謂的「資料空間」，提供給各種不同應用領域與經濟部門使用。如果這指的是有存取限制的資料池，就無法符合開放、去中心化的精神。（對於薩克瑟尼安來說，矽谷能在過去幾十年裡創下不斷創新的紀錄，這種精神功不可沒。）正因如此，歐盟執委會主席馮德萊恩清楚指出：應採開放式的架構。

然而，無論在歐盟或許多其他情境下，一切仍懸而未決，不知道在這條放寬資料存取權的路上，最後會選擇怎樣的架構

與機制；雖然就邏輯看來，似乎傾向選擇的是「開放、去中心化」的策略。

給與拿的原則

　　在理想與現實的拉鋸下，資料的存取權究竟該怎樣運作？這件事的背後確實需要有更全面的法規框架。幸好要做到這件事相對簡單，也相對便宜。主要的問題，就在於該如何瞭解有誰持有什麼資料、如何選擇資料，以及資料的請求者會得到什麼資料。

　　關於問題的第一部分，解決辦法可以是讓各家企業的現有資料庫更加透明，讓各方競爭對手知道大致上是誰擁有關於什麼的資料。如果不知道這些資訊，就算得到存取權也不會有什麼好處。這裡的目標，並不是要對所有資料都做出詳細而全面的描述，只是要大略劃分出二、三十項標準分類，像是網際網路搜尋、產品推薦、語音或影像識別的訓練用資料、地理資料等等。企業只要到了一定規模而必須開放存取權，就必須像過去的電話簿一樣，登記自己開放資料的項目，每季更新一次，指出自己手上的資料屬於那二、三十項分類當中的哪一項。登記的資訊也必須包括網際網路位址（讓人知道該向哪裡發送請求），以及自己將開放多少百分比的資料供人存取（這個百分比如我們前面所提，將依企業的規模大小、以及其他幾項少數條

件而定）。所有人都能在網路上查詢這些登記資訊，也就知道
該向誰請求存取資料。

　　對於資料存取的請求，會透過標準化的介面，直接在線上
傳送、連接請求者和資料持有者，而不需要有資料受託人、集
中式的資料穀倉，也不需要政府介入。這種簡單、即時而直接
的系統，已經有實例證明行得通，例如前面提過谷歌收購 ITA
之後，有五年的時間必須將資料的存取權開放給其他業者。以
這種做法，也就無須先將資料都傳送到某個集中的地點，也無
須為了隨時有人會提出資料請求，而需要刻意持續更新。至於
資料請求的回覆速度、每年能夠提出請求的次數，則另由法律
規定之（如果是常常改變的資料，允許的請求次數可能會比那
些不常改變的資料來得多）。這裡的目標，同樣是為了打造一套
簡單、透明、符合成本效益的解決方案，希望既能達到目的，
又不會給開放資料存取權的企業造成過多負擔。

　　每次的請求必須指定所需資料的類別。提出請求的企業不
能要求提供範圍更精確的資料。資料的持有者也不能刻意操縱
範圍；每次回應請求的時候，提出的都必須是一個全新、隨機
選擇的子資料集。這樣一來，才能確保開放的子資料集都合理
恰當。而同樣重要的是，法規雖然能要求開放資料存取權，但
是不能指定採用怎樣的技術；如此，才能讓各方不受阻礙，發
展出各種滿足資料存取法規的技術工具與創新解決方案。

　　對於這些資料存取，唯一實質的要求就是不能讓資料形同

「裸奔」，企業須針對所提供的資料性質，給出充分的脈絡資訊（meta-information，又稱「元資訊」、「後設資訊」等）。舉例來說，如果資料是來自某個傳統資料庫，這裡的脈絡資訊就會包括每筆資料的欄位與來源。就這點而言，已經有一些既定標準廣受資料持有者採用，就像是標準化產品編號的代碼一樣。又或者以溫度資料為例，不能只提供溫度數字，而需要同時指出測量的是什麼對象的溫度、用的又是什麼單位，這樣也就夠了。

在提供資料的過程中，並不需要什麼複雜的程序，也不需要再成立什麼新的機構。政府在這裡的作用應該非常簡單，僅專注於一個小重點：負責管理前面提到的登記名冊，而且要刻意避免成為中介機構的角色。政府不該介入實際的日常運作，只是在旁確保各方遵守關於開放存取權的要求（並在必要時，訴諸公權力）。

小蝦米可從大鯨魚身上學到很多

資料存取權的基本原則十分直觀、透明，就是希望讓所有參與者都能很有效率的遵行這套原則，大大促進競爭、刺激創新。而為了使中小企業也能抓住開放資料存取所帶來的商機，還可以再搭配一些額外措施。舉例來說，可以為規模較小的企業提供租用各種專業的服務，甚至是提供補貼，協助培養他們內部的技術和組織專業。而這一切的起頭，就是要以適當的標

準化格式來蒐集與儲存資料，這樣未來取得不同來源的資料之後，才容易進行分析，取得可靠的見解。

數位龍頭每年都會投資數億美元來開發自己的資料標準，並要求所有業務合作夥伴遵守這些標準。而這也是科技巨擘試圖維護並延伸其資訊權力的一種作為。因此對於各國或國際上相關產業部門的標準制定機構來說，一項義不容辭的責任就是要建立和維護一套適用於所有人的開放標準。

雖然我們講到要開放更多資料的時候，理論上開放的只會是「非個資」，但企業常常並不確定哪些資料集裡會出現個人可識別資訊、必須遵守的資料保護規則。而且對企業來說，該如何從大的資料集中選出非個資，或是要去除個人識別碼，常常是難上加難。然而，現在這些部分也已出現進展。資料保護當局正在訂出指導原則，讓各方瞭解如何為資料去個人化；也已經開始出現相關技術，讓去個人化的過程更簡單、也更有效。然而，該做的事還有很多很多。

現在或許也該調整相關責任歸屬的規定，確保依規定開放的資料由第三方取得之後，第三方對資料的所作所為不需要由原資料持有者負責。既然使用資料所產生的經濟價值是由第三方取得，所產生的相關責任也自然應當由第三方負擔，而非由原資料持有者負責。在這種情境中，資料可攜權並不容易派上用場。「可攜」指的是消費者能夠要求資料處理者，將關於該消費者的資料提供給第三方；近來包括 GDPR 在內，許多資料

保護法都已納入相關規定。如果要讓資料可攜權真正發揮影響力，必須有許多人同心協力推動。但在實務上，這種事情太少發生了。政治科學家把這稱為「集體行動」問題。

而另一種同樣難有實際效果的概念，則是堅持資料屬於某種「財產」，於是（舉例來說）因為臉書使用了用戶的資料，而認為應該要求臉書每年付給每人幾美元。像這樣小鼻子小眼睛的做法，對於整體權力結構並不會有任何影響。資料龍頭企業有巨大的內建優勢，光靠這些效果有限的措施，並無法撼動。但是相對的，講到資料使用，小蝦米卻可以從大鯨魚身上學到很多。

靠著「資料再利用」來獲利 🖱

蘋果公司派出車隊蒐集資料，原先是為了自己的地圖應用程式，但得到的資訊也讓蘋果得以更準確判斷 iPhone 所在的地理位置。谷歌靠著旗下智慧型 NEST 恆溫器提供的資料，就能夠預測用電情形。亞馬遜從伺服器農場感測器得到的資料，能夠非常精準的瞭解各個硬碟究竟能運轉多久。Netflix 也會深入分析使用者資料，判斷如何構思下一部影集的情節。

就公司內部而言，這些坐擁豐富資料的巨星公司都是資料再利用的大師。然而，所有這些新見解都是由公司內部產生。如果開放資料供外界存取，資料再利用的規模就會大幅提升，

而且不再局限於各家企業內部。

今日，許多傳統企業完全沒有能力把自己手上握有的資料拿來再利用；就算有這種能力，也常常只是用來確認各種已知的事實、回答早就提出的問題，而不是要從資料中找出模式，啟發自己問出新問題。這些傳統企業直接的競爭對手，常常情況也相去不遠，都是用同樣的傳統觀點來看待這個世界。正因如此，如果能開放資料，就能強力刺激創新：讓一些觀點完全不同的新參與者，得以接觸到這些資料。

這樣的例子不勝枚舉。像是海底光纜，通常是用來傳輸資料，但相關的資料也可以用來偵測地震；客機感測器所蒐集的資料，原本是為了自動駕駛功能，但也能讓氣象學家用來讓天氣預報更準確。貨運卡車和拖車裡裝有維修感測器，而這些資料也能讓物流專家用來改善上貨流程，提升車隊利用率（貨運卡車上路的時候，幾乎有三分之一都是空車，如果能改善這種情形，對環境會是一大助益）。至於線上平臺不斷變化的價格資訊，也能拿來再利用，計算出每日的通貨膨脹率。汽車導航的資料，現在也用來建立通勤車流的模型，模擬的成效遠比過往為佳。在生物遺傳學領域，資料再利用特別成功，例如在新抗生素的研發，已取得重大突破。

開放資料存取權之後，未來還會有更多成為可能。像是把車輛遙測資料拿來再利用，就能找出路網裡的危險路段。智慧型網路化工廠的機器資料，也能為開發新材料提供重要資訊，

讓我們知道 3D 列印適合與不適合用在哪些地方。在醫療照護領域，病例資料的再利用，就能讓我們得以準確預測什麼藥物以什麼劑量，能對哪些病人有效，也知道周遭環境哪裡的感染風險可能特別高。而在人力資源管理中，資料再利用不但能夠預測誰能把工作做好，更能預測誰會樂在其中。在這些及其他許許多多領域，已經開始有各種試驗性專案，而且幾乎所有發想與執行這些專案的資料使用者，原本都是來自其他領域。

重點在於，有些原本看似無用的資料，如果拿來回答一些不一樣的全新問題，就會變得價值百倍。而通常都是第三方、局外人，才問得出這樣的問題。資料壟斷者可能早就是資料再利用的高手，但如果能開放存取權，將會把資料再利用帶到另一個全新的層次。當然，這會犧牲某些壟斷者的市場力量，但同時則能將好處帶給更多更多的人。

這是千載難逢的機會

面對科技巨擘的崛起，全球各地政治人物的回應方式，就是希望阻擋矽谷龍頭，讓他們難以、甚至無法收購當地的數位新創企業。然而，這種重商主義、極度採取守勢的立場，幾乎不會有任何效果。

我們不能忘記熊彼德的惡夢，光是阻止收購，並無法影響數位龍頭企業享有的結構性優勢。遠遠更好的辦法，是將「收

購創新數位新創企業」與「嚴格要求開放資料存取權」緊緊相繫。只要能夠設下開放資料存取的要求（例如 ITA 案中，對谷歌的要求），並且不要定出自廢武功的期限，就能一石二鳥：讓眾人都能長期取得資料，就能讓其他市場參與者一起成長茁壯；至於那些資料龍頭企業，則是會失去部分的資訊權力。

但講到開放資料，或許最重要的先決條件還不在於法律與法規，而在於看待資料的心態：把「好好運用資料」這件事看得有多重要。

企業必須先瞭解資料正是創新的關鍵，才會懂得開放資料存取權的真正意義，瞭解這是一個千載難逢的機會，能夠促進市場上的競爭，大大刺激增強各方的創新能力。而政府也需要知道，資料本身並沒有價值，是要在使用資料的時候，才會產生價值。

雖然這聽起來再明顯不過，但是從實際的企業運作就會發現，資料很少得到好好的使用。許多公司的高層，至今仍未瞭解「資料的充分使用」在數位時代有多麼深遠的重要性。

常有人認為，工業革命就是與蒸汽機的發明畫上等號。但那是錯誤的想法。工業革命的重點從來不在於某個單一事件，而是一波又一波的工業化浪潮。而且其中最重要的一波，甚至也不是蒸汽機，而是工廠的有效電氣化。在十九世紀末，美國的工廠開始出現電動馬達，取代了蒸汽機的角色。但一開始並沒有任何改變，還是像以前的蒸汽機一樣，有一具大型的中央

電動馬達，透過錯綜複雜的傳動皮帶，為工廠裡所有的機器提供動力。這時候，效率上並沒有多大的提升，而且還是有很高的風險，只要中央電動馬達故障，整座工廠就得停工。

一直要等到大家意識到，可以用電動馬達來改變生產的流程，才讓製造業整個轉型，開始製造出體積較小的電動馬達，直接用在工廠各個需要動力的地方。就算在許多馬達當中有某一具故障，也不會讓整座工廠停工。

製造業開始變得更有效率、更有彈性了。這背後的原因，與其說是真的在技術上有什麼了不起的飛躍，還不如說是因為靠著重新思考、改變想法，有了不同的應對態度。但要有這樣的心態轉變並不容易，而且不是只有各家企業需要轉變，是整個社會都需要轉變。

開放資料，開放心態

如今的情況也十分類似：我們需要改變自己的心態。想要從資料中取得見解，就得廣泛、重複使用資料。整個社會正來到一個分界點，接下來會是全新而無可避免的學習階段。專家常提到所謂的「資料素養」（data literacy），這並不代表每個人都得接受訓練成為資料科學家，更不是說要瞭解那些量化分析專家用來解讀大數據所用的複雜預測模型。社會確實需要更多具備優秀統計技能的此類專家，但對於我們大多數人來說，最重

要的「資料素養」其實是一種心態：在資料得到進一步開放之後，要拿來做最好的運用。

這代表著要具備相關的理解與意願，不斷運用資料來創造價值，推動社會創新。「資料素養」與「強制開放更多資料」將會相輔相成，釋放出類似二十世紀後半，在矽谷所看到的那種活力。

現在正是最好的時機。在過去十年間，矽谷開始出現垂直整合的結構、封閉的思維，已經讓矽谷愈來愈像當年日薄西山的 128 號公路。那些數位龍頭之所以能獲得今日的權力與主導地位，是由於他們獨占了資料的存取權而掌握資訊流，但這種做法就會阻礙創新，在經濟上不合理，在社會上也不正當。

現在對世界各國來說，正是大好良機，只要對國內的資訊隱私資料法做出合理的修訂，就能讓資料對每個人都更有用。我們在前面已經指出，在現今的社會，一邊是壟斷市場的科技巨擘，另一邊是拱手交出自身資料的使用者，如果能強制要求各方分享資料，不但能打破這樣的權力不對稱，更有助於將一項更遠大的願景化為現實：開放資料。

第 **7** 章

資訊財富自由

開放資料的世界，

並不會是流著奶與蜜的世界，

但將能重燃創新之火，

重啟更強大也更面面俱到的公共論述，

並且推動民主精神的復興。

2019 年 12 月下旬，中國武漢市的嚴重呼吸道感染病例正在增加。耶誕節那天，醫師把病人身上採集到的樣本，送到一間專門做細菌與病毒基因定序的實驗室。三天後結果出爐：樣本裡出現一種新型冠狀病毒。中國與澳洲的研究人員不分晝夜工作，想找出病毒的基因密碼。僅僅兩週後，他們在 2020 年 1 月 10 日公布完整的病毒基因序列，放上網路提供給全球研究社群，於是全球所有公立機構與民間組織，都能據以研發藥物和疫苗，共同對抗病毒。

僅僅七十二小時過後，美國國家衛生研究院（NIH）就製作出關鍵的蛋白，供美國生物科技新創企業莫德納（Moderna）的疫苗平臺使用。接下來就是一連串廣泛又冗長的測試，所有候選疫苗都必須通過這些程序，才能得到官方核准。目前還不能光用電腦模擬，就判斷疫苗是否真正安全有效。

時至 2020 年底，首批新冠肺炎疫苗已經得到核准，開始全民接種，並以特別容易受到影響的群體為優先。相較於過去所有疫苗研發的速度（即使包括最近幾年的疫苗），新冠肺炎疫苗研發的速度仍然是快到叫人難以置信，研發與測試所需的時間從大約十年，縮短至不到一年。

在政治上、特別是美中關係方面，疫情似乎是讓各方的裂痕加深。但在科學界，疫情卻是讓研究人員之間更為開放，推動了建設性的合作。面對疫情，國際研究社群選擇讓他人也能取得自己的工作成果，也把自己蒐集到的資料拿出來共享。我

們希望這能成為新冠疫情教我們的重要一課,並且從此開始成為處理此類資料的典範:讓資料成為公共財,加速推動創新,使全民都得益。至於政府在推動開放資料存取權的作用,還有另一個在生命科學領域的重要範例:人類基因體計畫(HGP)。

人類基因體是公共資訊財

人類基因體計畫是在 1990 年,經美國國家衛生研究院協調而啟動,希望將人類 DNA 共三十二億個鹼基對(base pair)做出完整定序。這項計畫有許多國際研究機構合作,各方也同意即時共享所有蒐集到的資料。經過十年、投入超過十億美元,人類基因體計畫宣布已經達成目標(雖然所蒐集到的基因資訊尚未依正確順序排列,也尚未公開)。

然而,全球在研究基因的機構和計畫,絕不是只有人類基因體計畫。美國民間企業賽雷拉(Celera)從 1997 年開始,就運用一種新技術,希望大規模解譯人類 DNA。賽雷拉同樣承諾會開放大部分的資料,但又特別表示保留將單個解碼後的基因序列申請專利的權利,也就是讓自己能夠在一定期間內獨占該資料。這引來美國總統柯林頓出面干預,最後說服國會頒布禁令,明確禁止將人類基因序列申請專利。於是,人類基因資料能夠繼續開放存取,不受任何阻礙。

這件事背後的道理認為:如果是關於人體的生物學描述、

說明人類的發育與運作，這類資料都是公共資訊財，不應該讓任何企業得以壟斷，或者暫時享有獨占權。

由於美國國會所通過的法案，讓人類基因體成為公共資訊資產，也讓美國生技公司的市值在短短幾週狂跌了大約五百億美元。但時至今日，已經幾乎沒有人記得這段歷史。當前生技產業賺錢的商業模式，不再是靠著擁有人類 DNA 資訊來變現，而是以「資料的使用」為基礎。這種做法不但讓生技公司荷包滿滿，對社會也大有好處。

以下我們就舉三個醫藥案例：一、靠著人類基因體計畫的資料，研究人員發現有些過去用來治療其他疾病的藥物，竟然對某些類型的癌症極為有效。二、像肝炎等疾病，也是因為人類基因體計畫的資料，找出了更簡單的全新診斷方法。三、也是因為有能夠輕鬆取得的 DNA 資料，才研發出一種新藥，治療呼吸道疾病的囊腫纖維化（cystic fibrosis）。囊腫纖維化會令病人極度痛苦，常常導致早亡，而在這項藥物於 2020 年上市後，超過九成的病人終於得以過著正常的生活。

人類基因體計畫這種開放讓研究人員存取資料的方式，如今已經成為生命科學界普遍接受的綱領了。例如美國國家衛生研究院成立的基因體資料共享計畫（Genomic Data Commons），就是共享癌症基因體資訊的資料池；另外，歐洲核苷酸檔案庫（European Nucleotide Archive）則是一個全面的全球分子資料集。

開放資料思潮正在復興 🖱

　　無論是新冠肺炎疫苗的開發、或是人類基因體計畫,都是成功的資訊共享與合作範例。這也強化了一股更大的趨勢,相信來自於資料的見解應該要能讓人人受益。

　　「開放資料」的想法正在復興。這個想法的起源至少可以追溯到 1950 年代,當時地球物理學家同意採用一致的資料標準,好讓資訊交流更容易。到了 1970 年代,美國航太總署(NASA)發射衛星、取得遙感探測資料的時候,讓這個想法有了進一步的發展。等到 1990 年代的全球資訊網開始,世界各地提出多項倡議,呼籲各國政府把資料公開上網。在許多國家,這帶動制定了諸多新的法案與協定,只不過資料開放的程度與範疇都還很有限。

　　大約在那個時候,美國人諾維克(Beth Noveck)來到歐洲做歷史研究,探討民眾一旦失去對政府的信任,會如何將社會推向威權統治,甚至推向更糟的結局。對於諾維克來說,這趟行程不但提升了自己的智識,也有對她個人的意義。她的祖先來自歐洲,她的成長過程也受到歐洲文化與價值觀的熏陶。但她追溯家族的故事之後,也深深感受納粹和其極權盟友所造成的那些難以言喻的苦痛。諾維克查閱各種第一手資料的時候,開始意識到公開資訊對於社會(特別是民主社會)的安康,會

有多大的重要性，諾維克也發現一旦少了公開透明，就可能摧毀社會的信任基礎，使社會向獨裁傾斜。諾維克的歷史研究，讓她瞭解了良好治理的價值與重要性，也瞭解為什麼公開透明將有助於良好治理。等她回到美國、進入學界，就因為這種在「社會信任」與「開放」之間的連結，讓她開始推動開放資料，成了許多人的榜樣。

大家開始發現，開放資料除了能提升公部門的效率，還有另一種新的功能。這也讓諾維克走上另一條路，形塑著開放資料在美國與海外的發展，開始影響我們本章後續會介紹的其他幾位開放資料運動人士。

確保人人都能取得數位紅利

在許多開放資料倡議者看來，資料基本上就是公共財，應該要讓人人都能取得。這種想法可能乍看之下似乎很激進，但經過仔細思考，就會發現其實不然。能夠讓資訊自由流通、能夠取得事實，其實正是民主的兩大命脈。要是少了這兩項條件，民眾就無法從證據形成意見，也就無法履行自己在民主制度中的角色。要是少了這兩項條件，資訊就只會集中在少數人手中，不只會威脅到創新與競爭，還有害於民主與自由。

正如富蘭克林在美國建國之初的體悟，若想要賦權於民，「開放讓眾人取得資訊」就是一項必要的工具。唯有透過公開資

訊，公民才能在民主社會中扮演主動的角色，創造並維護一個
能夠維繫民主精神與制度的公共領域，並且確保人人都能取得
合理的數位紅利（這也是我們切身的關注點）；這份紅利並不是
某種施捨，而是因為所有人都在這個社會發揮了重要的作用，
是人人理所應得。

在許多法律制度中，除了會刻意保障「表意自由」（freedom
of expression）的基本權利，也會保障能夠自由接收資訊、免受
不當限制的權利——也就是取得資訊的權利。有時候，像是因
為智慧財產權或隱私保護的原因，讓資料的取得受到限制，但
這會被歸為是一種例外，而且需要符合嚴格的條件。

包括聯合國的《公民與政治權利國際公約》在內，許多國
際協定也支持這種概念。這項公約得到全球超過一百七十國批
准，其中第十九條就明定：「表意自由之權利」包括了「以語
言、文字或出版物、藝術或自己選擇之其他方式，不分國界，
尋求、接受及傳播各種消息及思想之自由」。簡單說來，開放資
料存取權的原則其實並不特別、也不激進，早就是許多國家法
律與社會脈絡的根本元素。

因此，核心癥結並不在於開放資料存取權的原則，而是究
竟具體該如何實施。在科學領域，開放資料已經成為現實。就
政府資料而言，也已經有許多國家進一步開放存取。而在世界
各地的非政府組織（NGO），也正在順利蒐集各種資料，與所有
人共享。也有愈來愈多企業挑起責任，向社會提供各種證據與

資料,好讓個人與社群得以參考,做出更好的決定。

我們後面將會更仔細介紹這些動態。現在可以先來個精采預告:科學界在開放資料的道路上已有相當的進步,但大多數政府則還有很長的路要走。部分非政府組織走在非常前面,令人驚喜。而對大型企業來說,雖然開放資料對它們的好處相對並不高,但還是有些企業確實表現出這樣的意願,令人感受到一絲希望。

可搜尋、可取得、可交互運用、可再利用

學界的資料開放風氣可說是成功的故事,也是關於解放的故事。

二十世紀末,科學出版社曾經很巧妙的把自己塑造成一種重要中介機構的形象。雖然許多人質疑這些出版社並未帶來附加價值,但他們仍然靠著剝削資訊而賺進大把鈔票。當時研究人員都是免費公開自己的研究成果,但想瞭解這些研究成果的讀者卻得付費才能閱讀,而且有時候價錢還高得令人咋舌。光是訂閱一份科學期刊,常常每年就得付上幾千美元。研究資訊變成一種高度商業化的商品。更不利的是,就實務而言,最後只有全球少數機構組織付得起這種形同搶劫的價格,也就只有這些組織能取得資訊。至於某些較貧窮國家的小型研究機構,幾乎完全沒有競爭機會。

在 1990 年代，科學出版社開始把他們的學術論文內容放上數位平臺，就像今天的數位龍頭企業一樣。一切就像是矽谷的情形，市場集中程度來到史上新高，一小撮人控制了全球絕大部分的高品質研究刊物，形成如同孤島的資料穀倉，也讓許多社會的研究與創新受到人為局限。然而，隨著科學出版社轉型成為超高獲利的資訊平臺，也開始形成一股強大的反作用力：要求開放資料存取權。

面對科學出版社形成寡頭壟斷，令研究人員也難以取用同儕發表的成果，許多研究人員不再甘為奴僕，而起身反抗。研究人員本來就希望外界能注意到自己的研究，而這當然是資料愈開放愈有利。政府單位也慢慢發現，原本就是政府為公立大學與研究機構提供研究經費，但現在居然還得向出版社支付巨額費用，才能再取得這些研究成果。這種情況迫切需要改革，接下來也掀起學界要求開放資料的運動，最終成為一則廣受讚譽的成功美談。

由於數位電子發行的成本低廉，網路上陸續湧現數千種開放存取的電子期刊。目前，全球各地的研究刊物約有半數能以各種形式免費取得內容，比例達到十五年前的兩倍左右。由大學所出版的科學期刊，已有 75% 可公開存取（在南美的比例高達 80%，但在西歐則只有 25%）。

歐洲出版寡頭仍在負隅頑抗，但是政府已經展現出反對的態度。政府的研究經費規定已經改變了，要求研究人員必須把

研究成果都開放出來。另外像是在英國,大學能取得多少國家提供的研究經費,也要視所有研究成果(而不只是單一研究)開放存取的比例而定。

這項運動的核心訴求,常縮寫成 FAIR(公平),指的是要讓資訊「可搜尋、可取得、可交互運用、可再利用」(Findable, Accessible, Interoperable, Reusable)。無論歐盟執委會或二十大工業國(G20)都支持 FAIR 的原則。這形成一股顯而易見的趨勢,而在自然科學領域,新冠肺炎疫情大流行之後,更讓趨勢更為明顯。

事實上,現在的重點已經不再只是要開放存取研究成果,而是要開放存取相關的原始資料。這也很有道理,因為資料就是要在得到使用之後,才會產生真正的價值。因此,相較於不開放研究成果,不開放研究資料的理由也就更說不過去。甚至早在全球疫情爆發前,八大工業國就已經宣布支持「開放科學資料」了;全球各地也提出多項倡議,要求研究計畫若要取得公共研究經費,就必須開放存取所蒐集的資料。

當然,科學界也不是支持完全的開放存取。畢竟我們還是會在科學家身上看到各種嫉妒、零和思維、以及權力野心。然而科學界正在深入重新思考運作的方式,特別是關於原始資料的開放存取。已有愈來愈多研究人員能夠接受,在發表研究成果時也要提供原始資料,以確保結果能夠再現(reproducible)、能夠讓別人驗證。他們現在知道,這樣一來,其他研究人員就

能用這些原始資料來回答其他問題、或用不同的方式來分析類似的問題，於是從中得到新的科學見解，而這一切不一定會和自己的研究形成競爭關係。

這也是一種負責任的做法，是為科學服務、造福科學，也是接受科學本來就該是眾人的合作成果。而除了談科學的理想與價值，目前用來開放共享資訊的技術也有了顯著的提升。在過去，這常常會是技術上的一大挑戰。但到今天，幾乎所有研究資料都採數位方式記錄，只要透過網際網路就能輕鬆分享。隨著各項標準愈來愈有共識，第三方也能夠更輕鬆的對資料加以分類與分析。

CERN 孕育出全球資訊網

這種提議開放研究資料的靈感，一開始是來自一間全球資料量數一數二豐富的研究機構。

歐洲粒子物理研究中心（CERN）位於日內瓦附近、法國與瑞士的邊界，這是全球最大的粒子物理研究中心。從 1954 年以來，來自世界各地的研究人員就在這裡合作回答一個問題：究竟是什麼讓物質世界能夠結合在一起？這是一項由二十三國合作的聯合專案，除了有超過三千名長期工作人員，還有來自八十多國、超過一萬四千名的訪問學者，不僅是全球首屈一指的核物理研究中心，也成了一種象徵、一種制度，幾十年來體

現著開放資料、讓資料存取不受阻礙的精神。

也就不意外，到了 1990 年代初期，英國科學家柏納斯－李正是在 CERN 提出全球資訊網的概念，於是使網際網路轉變成全球網路，讓人人都能使用，交換各種資訊。

其中特別有趣的一點，在於柏納斯－李為全球資訊網所選擇的組織結構：並不是幾個大型的集中資料穀倉，而是刻意採用去中心化的結構，讓資訊分散儲存，讓人能夠從全球任何地方輕鬆連結。結果就是打造出一個全球規模的虛擬資訊結構，人人都能存取。

全球資訊網讓我們省下大量請求資訊、整合獨立資訊片段的技術工作，而能夠放眼全球，結合各種資料與分享資訊。全球資訊網可擴大規模、簡單易用、分散，也因此使用上十分有彈性，讓它成為近幾十年來最重要的科技創新。

這種結構並非科技本身所導致，而是在設計之初的刻意選擇。柏納斯－李在 CERN 工作的時候，之所以會打造出一套去中心化的網路，既是因為希望全世界能夠擁有多元而開放的資訊流動，也是因為這正是他在 CERN 所看到、與同事所經歷的日常。這情景並不令人不意外，CERN 所提供的研究資料量，在自然科學領域向來數一數二，目前開放的資料量已經超過 2 PB（petabyte，這個單位可是足足帶著 15 個 0）。

目前，開放資料已經不再局限於醫學等個別科學領域。在物理、化學、生物學、地理與氣象學等領域，許多規模龐大、

深具價值的資料庫都已開放存取，而社會科學所開放的資料量也不斷增加。舉例來說，如果想瞭解近幾十年間，各個社會的某些價值觀有何變化，你只要連上「世界價值觀調查」（World Values Survey）資料庫，就能取得長達四十年間、從數十個國家所蒐集的寶貴資料，不但一切上線、一切公開，而且使用方法很簡單、資料非常全面。

科學界是開放資料的典範

除了研究機構以外，現在各個國際組織也開始意識到自己的一項任務：讓所有人都能取得關於這個世界的資料數據。像這樣的資料燈塔，其中就包括世界銀行、經濟合作及發展組織（OECD）、以及歐盟統計局（Eurostat，提供關於歐盟的統計資料）。你如果想省下在網際網路不斷搜尋正確資料來源的麻煩，也可以使用谷歌的 Public Data Explorer（公共資料瀏覽器），裡面有些工具能用來迅速分析資料集。

新冠肺炎疫情讓國際資訊合作，突飛猛進。2020 年 3 月，隨著歐洲與北美感染人數爆增，開放且可免費存取的資料來源也如噴泉般湧現。短短幾天之內，美國約翰霍普金斯大學的研究人員就做出一套追蹤程式，能夠存取各個開放資料來源，追蹤全球感染人數與死亡人數。如果你對政府發布的死亡數字感到懷疑，也可以造訪像是美國疾病管制暨預防中心（CDC）或

歐洲死亡率監測計畫（EuroMOMO），取得關於超額死亡數（特定時段內觀察到的死亡人數，與同一時段預期死亡人數之間的差異）的統計資料。

從這些例子都可以看到，由於現在已經有了可免費取得、開放存取的資料來源，讓我們多麼迅速就能取得重要的資訊。現在每當聽聞到各種說法，我們都能自行檢查究竟是否為真，而不是只有某些獨占資料的象牙塔專家能夠判斷真偽。

雖然我們已經在科學領域取得長足進展，但必須做的工作還有很多。在某些領域，像是醫學、地球科學、考古學，還需要訂出更適當的資料標準，才能更方便整合不同來源的資料。至於各國與國際的研究資料基礎建設，也需要儘速擴大，變得更為全面。而且在過程中必須小心維持著去中心化、可擴大規模的結構，也得抵抗誘惑，避免建造大型集中式的資料穀倉，免得帶來可能十分昂貴、高風險、造成各種麻煩的結果。

但基本上，科學界顯然已經為我們開闢了一條道路，讓我們知道該如何進一步開放資料，並培養適當的心態思維。而無論公私部門，都能從科學家的做法獲益良多。

GPS 是美國軍方傑作

聽到「開放政府資料」，一般人想到的可能是關於環境汙染、關於大眾運輸的需求、關於各種補助，又或者是關於該國

央行的資料。然而，開放政府資料最精采的成功案例，其實是來自美國軍方。在 1970 與 1980 年代，美國曾經部署一系列衛星，讓軍方能夠準確掌握敵我位置，而且全球都在美軍的掌握之中。美軍之所以能在第一次伊拉克戰爭（波斯灣戰爭）大獲全勝，這套 GPS（全球定位系統）扮演了至關重要的角色。

GPS 開始發揮全球影響力是在 1983 年，當時蘇聯戰鬥機意外擊落一架偏離航線的韓國客機，事後美國總統雷根宣布，曾經做為軍事用途的 GPS 將開放給全球民間使用；而柯林頓總統也在 2000 年進一步解除相關限制。這項開放推動了許多領域的創新，除了航空、海運、物流與車隊管理，也包括一般消費者級別的汽車導航，以及大多數智慧型手機上的應用。

能免費取得位置資料串流，就催生出一個龐大的生態系；隨之而來的免費精確報時訊號（time signal），也開創了許多附加用途，範圍十分廣泛，從金融業（給交易加上時間戳記）、寬頻行動網路、再到網際網路連結，不一而足。與 GPS 相關的產品和服務，直接市場規模估計就達到每年超過千億美元，而且未來成長力道仍然強勁。GPS 讓船舶、飛機與汽車更為安全靈活，協助組織與社群做出更好的決定，也催生數不盡的新產品與服務，帶來無數新商機。

但究其核心，GPS 本來僅是某種敏感的軍事資料，只是有個政府（美國）決定把這項資料提供給全世界使用。與其說是一種禮物，倒不如說像是付了頭期款，希望能夠提升安全、刺

激創新，持續創造更多經濟利益。麥肯錫全球研究院（MGI）的曼宜卡（James Manyika）等人在 2013 年的研究估計，靠著善用開放資料（特別是政府提供的開放資料），全球光是七個產業部門產生的額外經濟價值總額，就可能高達三兆美元。

這個估計數字很亮眼，但背後的概念卻一直是暗潮洶湧，爭論不斷。西方社會討論開放政府資訊已經討論了幾十年。長期以來，國家官僚機構普遍以保密原則為名，禁止外界取得政府資料。然而，這種原則絕非無可改變，也不是別無他法。在斯堪地那維亞半島，數百年來的傳統就是要公開公共紀錄，與官僚保密作風正好相反。但這並沒有讓北歐國家的經濟與社會發展慢下來，事實是當地的資訊與經濟都在蓬勃成長。

公部門應率先開放資料

1970 年代尼克森總統任內，曾指派下屬潛入對手的競選辦公室，事後卻又想掩蓋這件事情。這起水門案赤裸裸提醒著我們：維持公部門的公開透明，對於民主體制的維繫有多麼重要。最後，這起水門案醜聞讓尼克森黯然下臺。要不是尼克森行政團隊裡有祕密線人，向《華盛頓郵報》的記者洩露情報，事情就有可能瞞天過海。這件事在在向我們強調：民主制度必須要能夠透過公開透明與開放資料，來約束政府官僚機構，賦權人民在必要的時候，與政府官僚的資訊權力相抗衡。

　　水門案曾經試圖掩蓋醜聞，讓美國學到一場教訓，於是國會一方面通過《隱私法》，限制聯邦機構查探隱私的權力，另一方面也大幅修訂強化聯邦的《資訊自由法》，讓政府更公開透明。但在這之後，民眾想要取得政府資訊仍須提出請求，而且一切都採個案審理。而政府機構通常都會拒絕提供，直到最後被告上法庭，不得已才讓步。這樣一來，民眾實際能取得資訊的程度也就十分有限。更糟的是，這讓人覺得資訊自由是一種法庭上的對抗過程 —— 政府機構的角色是去抵抗，而不是協助民眾取得他們想要的資訊。

　　如果希望資訊自由的概念真正發揮影響力，就必須讓它擺脫狹隘的對抗概念。一直要到二十年後的柯林頓總統任內，才朝這個方向邁出了第一步。《電子資訊自由法》（E-FOIA）要求美國聯邦機構主動開放資料庫，並讓資料能夠在網際網路上，以數位方式取得。在資訊自由不再是對抗過程之後，才重新確立這其實是政府機構不可或缺的責任。這是現代開放政府資料的一道曙光。

　　但就像諾維克（見第 169 頁）所意識到的，光是這樣還遠遠不足。除了技術阻礙仍然存在，資訊自由法規也還需要進一步修訂，開放政府資料的最大問題仍然是出於結構性的因素。如果還是需要透過律師與官僚才能開放資料，一切就不會有什麼改變。想要真正啟動政府開放資料，必須把相關責任改由各個政府機關的「資訊長」來負責；擔任這個職位的人必須瞭解資

訊對社會的價值，也具備相關專業知識與資源，能讓開放資料
成為現實。

　　諾維克曾經提出一種有趣的方法，靠著開放資料來解決美
國專利申請案件處理緩慢、堆積如山的問題。她後來在全球開
放資料社群成了熠熠新星，也在紐約成為知名教授。

　　某次美國總統大選初期，一位來自伊利諾州的年輕參議員
注意到了諾維克，這位參議員就是歐巴馬。在歐巴馬的競選政
見當中，開放資料章節的起草，諾維克功不可沒。她在選後加
入執政團隊，在總統的科學與技術辦公室負責推動開放資料，
擬出一份執行備忘錄，指示政府機構應讓所有公部門資料預設
為開放存取。而據她所說，靠著一點運氣，這就成了新總統簽
署的第一批法案，也大大增加「開放資料」成為資訊長職責的
可能。

營造政府開放資料的平臺

　　如今，許多國家已經正在開放以數位方式取得官方資料。
但如果仔細觀察，就會發現情況還是不如歐巴馬政府早期；就
全球許多政府機構的日常行政實務看來，尚未真正落實開放政
府資料的理念。政府資料多半還是被鎖起來，搪塞的理由是可
能含有個資或機密資訊，即使根本沒這回事。此外，雖然只需
要經過簡單的去個人化處理，就能大大擴充可公開的資料集，

但政府單位會這麼做的機率仍然太低太低。

也有時候，之所以開放政府資料的原則無法付諸實行，只是因為現代國家的官僚組織分了太多層層級級。如果是聯邦與各州機構，或許還有足夠的專業知識，能夠開放資料；但如果只是地方城市等級，就可能確實有困難。就算是規模比較大的城市，要建置開放資料所需的基礎設備、再加上後續的維護，多會感到壓力沉重；至於更小的鄉鎮，連最基礎公開透明所需的準備，可能都難以進行。

更重要的是，許多公職人員的心態仍然認為保密為上，開放的資料愈少愈好。雖然這很令人遺憾，但並不難理解。幾個世紀以來，官僚機構的權力正是以資訊優勢為基礎。而且在整個專業職涯，公職人員也被三令五申，要求保密。如果以為只要政治上開始追求開放資料，就能迅速扭轉根深柢固的官僚文化，這是太過樂觀了。這裡需要的是思維方式的徹底改變。正因如此，如果想要開放政府資料，需要投資的絕不只是開放資料所需的科技基本建設與組織架構調整，而是需要對公部門的員工提供教育，提升他們的資料素養。

但光是這樣也還不夠。實證研究顯示（調查對象包括已經開放許多政府資料的國家），對政府資料的使用狀況仍遠低於預期。這主要有兩個原因：

第一，研究訪談了開放資料的應用程式開發者，發現這些人常常缺乏與社群連結的意識。所以，政府不能光是著力於資

料的供給面，而需要同時注意需求面，創造出合適的資料生態系，才能讓應用程式開發者得以扎根。某種程度上，就像是要模仿蘋果的 App Store。在蘋果的 App Store 生態系裡，蘋果除了做到讓開發者的應用程式容易尋找、容易安裝，還會進一步透過各種資訊與建立連結的措施，幫助開發者得到成功，像是有行銷與公關活動，讓消費者注意到那些創新的新應用程式。

開放政府資料的平臺也需要這樣的生態系，但這就需要適時提供資訊與溝通了——舉例來說，要讓開發者知道什麼時候會開放新的資料集，才能讓他們排出更合適、也更可信的工作時程。同樣能幫上忙的，也包括建立各種連結，以及提供管道來宣傳那些優秀的應用程式。

諾維克在歐巴馬任內，全力推動開放資料，十分瞭解這種需求。她很清楚，自己必須讓政府的資訊長們瞭解開放資料可行的操作實務，也必須讓資料分析師、非政府組織與一般大眾瞭解可以如何運用開放資料，才能引起這些人的興趣。所以她和同事設計打造了一個線上平臺，一方面可以存取美國政府的開放資料，另一方面也可以讓大家注意到這些資料有什麼最新的應用、不同於以往的分析。這就像是打開了洪水閘門。短短幾個月，上線的資料集高達數十萬個，只要使用 data.gov 這個平臺和其搜尋功能，就能輕鬆存取使用。

第二，公部門的資料集本身通常很無趣，要結合其他資料才會迸出新的見解。但如果這些其他資料並未開放（例如某些

民間企業的專有資訊），開放政府資料本身就無法充分發揮潛力。正因如此，如果只開放政府資料、卻並未強制開放民間持有的資料，就像是只準備了騎手、卻沒備好馬，徒有雄心壯志但只能霧裡看花，必然注定失敗。

相對的，由於開放資料會在使用（以及分析）之後帶來價值，所以也要讓民間可以將政府開放的資料用於自己的用途、甚至是商業用途，而無須以例如授權費之類的形式將部分收入繳回國庫。

像槓桿一樣發揮強大力量

開放政府資料主要的目的，是為了確保政府公開透明，為社會創造價值。這件事如果做得好，額外的好處就會像是將一大筆寶貴的資料捐給整個社會和經濟體系，並且刺激創新。已有愈來愈多政治決策者注意到這一點，於是開放的政府資料逐漸不再單純只有行政資料，實在可喜可賀。

舉例來說，從 2019 年 12 月開始，歐盟就要求大眾運輸業者，必須讓各方都能以數位形式取得運輸時刻表。歐盟希望藉此推動運輸業的創新，讓所有人（而不只是谷歌）都能夠提供旅遊運輸相關資訊，而且涵蓋的區域不是只有本地，而是整個歐洲大陸。這個案例正是以資料推動創新，能讓大眾更常選擇大眾運輸，使環境更為永續，因此不但增加了經濟價值，也為

社會創造了利益。但比較不令人樂見的一點在於，時至今日，業者遵守這些規定的情形只能說是時好時壞。

以 2021 年的年中為例，歐洲許多大眾運輸業者並未遵守這些開放資料的要求，特別是有些會扯後腿的業者，就是不願意透露即時的資料，認為這並非原始資料，而都是經過業者花心力處理過的，所以不該屬於開放資料守則規定內的範疇。這裡我們就看到了另一種錯誤的心態：單純因為不想讓第三方使用某項資料，所以不願意提供。這樣一來，等於是白白浪費了以競爭促成創新的機會，而擁有資料的人（例如本案例裡就是那些運輸業者）多半又沒有念頭要在線上提供有效、全面的即時運輸資訊；這樣一來，除了對經濟會有損失，也因為讓大眾運輸沒那麼方便、降低了對民眾的吸引力，於是同樣形成社會上的損失。

「開放資料存取權」這項原則，有機會像槓桿一樣發揮強大的力量，除了讓人更容易取得各種研究資料，也更容易取得各種公私部門的資料。運用槓桿力量當然是合理的，但這不僅必須訂出更好的法規，最重要的是執法也得一致。違法不開放資料絕不是什麼小事，而是刻意打了「創新」一巴掌，拒絕讓所有人享有數位紅利。

有些公家機構不願開放公共資料，其實是比那些不肯開放商業資料的壟斷業者更不道德，是在蓄意無視現有的法律。而無論是政府、媒體、監察機構、或是有所警覺的公民，都應該

負起公共責任，要求他們做該做的事。違法的人必須要體悟到
自己究竟造成了怎樣的不公不義。

　　但這也表示，我們需要的不只是表面上的規章制度。要求
公部門開放資料的時候，我們也必須提供協助，才能讓他們走
進資料時代。相關協助除了包括各種組織與資源，最重要的是
要培養正確的思維心態。舉例來說，我們不能一方面要求政府
公開資料，一方面卻不提供任何相關的技術工具與人力資源。

鼓勵民間捐贈資料

　　目前除了科學界與政府機構正在開放讓人取得更多資料，
還有一些非政府組織也在蒐集各種資料，提供給大眾。

　　其中最著名的例子，或許就是維基百科。而另一個比較少
人知道的是「開放街圖」（OpenStreetMap），提供的是數位的全
世界地圖。在超過六百萬用戶協助下，他們打造出這個免費而
且開放的谷歌地圖替代方案，整個資料庫裡有超過四千萬座建
築，並涵蓋全球 80% 以上的道路。最令人興奮的是，開放街圖
的資料不但是可以自由存取的世界地圖，還可以下載原始資料
用於分析。這樣一來，像是遇上天災的時候（例如 2019 年秋
天，多利安颶風讓巴哈馬群島遭受重損），就能把救援工作的
協調做得更好。又或者，也可以用這些資料來分析城市裡面各
區、各個鄰里的發展情形。

　　但這些都還只是最表面的好處而已。美國有一項很有意思的專案，是由開發出火狐（Firefox）瀏覽器的 Mozilla 基金會發動的，名為「同聲計畫」（Common Voice project），這項計畫接受各方捐贈錄製的人聲資料，希望打造一個可公開存取的訓練資料集，納入各種語音與口音，以擴大語音辨識系統所涵蓋的內容。同聲計畫目前已經蒐集超過十萬個語音樣本，轉換成數十種語言的數位資料。這套資料很重視多元性，希望讓未來的語音辨識系統能夠成功辨識少數族群的語言。

　　但真正的驚喜，是有些企業也自願捐出資料。在科學界、政府與非政府組織之後，開放資料的潮流也捲向企業界高層。像是有些衛星資料業者，已經開始免費提供全球森林資料，這可以用來找出火耕空地，也可以看出哪裡的森林因為其他原因正面臨嚴重危機。企業捐贈的資料不只有環境資料，像是南美就有一家規模數一數二的房地產公司，開放了他們的房地產價格資料，一旦出現價格危險螺旋上升、房地產泡沫化，都能立刻發現。

　　甚至是矽谷貪婪的資料龍頭，有時候也會願意向社會開放一些資料。2020 年 4 月，首波新冠肺炎疫情襲來之後，蘋果和谷歌運用移動資料，顯示了不同環境（零售、大眾運輸、體育賽事、酒吧、餐廳）的人流量。於是封城的效果一眼可見，也能讓人看到哪些地點、哪個時段的人群未能保持社交距離，這對於政策制定來說，極具參考價值。

　　與此同時（但與疫情無關），微軟也宣布開始全面推動開放資料，包括推出資料分析工具，以及開放外界存取一些寶貴的資料，例如寬頻網路使用情形。臉書的「資料公益」（Data for Good）計畫也提供分析工具，讓公共決策者與全體社會在全球疫情期間，能夠基於證據做出決策。

　　這一切都是助力。某些巨星公司提出的開放資料計畫，證明其高層已經開始有了新的想法。常常是由於自家員工給出的壓力，讓他們愈來愈意識到，企業握有這麼高的資訊權力，就該承擔更多社會責任，也覺得自己過去的作為僅是差強人意。或許也有些高層是出於戰術考量：與其被政策當局盯得更緊，不如就捐點資料出來，還能有正面的新聞效益。

　　當然，微軟、谷歌、臉書和其他科技巨擘自願捐出來的資料，頂多只是從大海裡取了一滴水。我們能不能更激進一點，想像一個「開放資料的世界」會是什麼樣貌？能不能有個世界是幾乎所有科學界、公部門、私部門的資料都得以開放、供人自由使用？

邁向開放資料的世界

　　在一個開放資料的世界裡，新創企業與中型企業會更容易將創新想法付諸實踐。這種新世界的大衛們能夠有更多資料，挑戰歌利亞們，並且最後勝出的頻率也會大增。至於那些數位

落後者則再也無法再找藉口，說自己當然也想數位轉型，只是很遺憾缺少資料，腳步實在快不起來。

在一個開放資料的世界裡，進入數位市場的障礙將會大幅降低，對於有想像力、放下偏見、反應快速、做事勤奮的人而言，就像是船帆迎來了一股清勁的風。競爭再次變得熱絡，就會讓不合理的壟斷利潤降低，價格下滑，消費者也能真正有所選擇。

開放資料存取權，也代表著任何地方都能順利取得資料。這樣一來，小城市與農村地區、以及那裡的發明者與創業者，都會看到有新的機會出現。在開放資料的世界裡，我們將能夠持續獲得新的見解與創新，以資料帶來大量、快速、輕鬆的獲利，就像現在的網路交易、網路行銷或網路博奕那樣。

讓人人都能取得資料，對於那些想要推動永續發展、環境保護、改用可再生能源的人來說，就有了行動的資源。而在大家有資料的時候，也就能改善政治決策，並且提升政治論述的品質。雖然大家可能難以想像，但今日從大眾運輸、教育、再到醫療保健等等，諸多決策背後根據的資訊可能非常少、很不透明，甚至根本沒有意義。譬如：到底該蓋哪條新地鐵、哪所學校最需要現代化、哪裡最需要派出更多護理人員。有了開放資訊，這些問題的討論才能更基於事實，也更為透明。

因此，開放資料存取權不但有助於推動民主程序，也能確保稀有資源運用得宜，還能讓我們更看清當權者的一舉一動，

鼓勵上位者做決定時，須以更多資料為依據。

在我們現今的數位世界中，「技術理想」與「社會現實」之間存在著巨大的落差。雖然有各種平臺與工具，理論上可以輕鬆將資訊與他人共享，然而數位壟斷企業卻勾結了尚未踏進數位時代的經濟落後者、以及厭惡改變的公部門單位，以一種保守謹慎的心態，把資料深藏在資料穀倉裡，嚴密看管保護。也就不意外，至今所謂的「社群」資訊分享工具，主要只是交換各種雞毛蒜皮的日常瑣事，或是推動政治的兩極對立。相對的，如果是真正的開放資料，則能讓民眾針對今日真正重要的議題交流想法，做出更明智的決定。

這種開放資料的願景，並不代表從此不再保護資料。光是開放非個資、非機密的資料，就已經足以讓企業與社會得到豐碩的資訊紅利了。

為人民賦權，重燃創新之火

但我們不能忘記：所有可能賦予權力的做法，都可能遭到濫用。我們必須學會如何應對。在如今這種數位超載的狀態，我們面對各種數位應用程式的使用條款，常常是不假思索就選擇同意；而從各種隱私法規與消費者保護法規看來，似乎也認為只要我們同意，一切就沒有問題。但事實並非如此。這是把資訊責任的重擔，交到了錯誤的肩膀上。

在一個開放資料的世界裡，由資料而起的責任，應該要由從中取得大部分經濟利益的人來承擔；而且濫用資料的行為應該受到嚴厲懲罰。

就讓我們把話講白了：不該再以「資料保護」為名，來妨礙開放資料存取，因為從以前到現在看來，這種做法都只會造成資訊權力的集中，常常進而導致貪腐、壓迫、貧困與戰爭。

開放資料的世界，並不會是流著奶與蜜的世界；所帶來的資訊紅利，也不會像《聖經》裡的神奇食物瑪哪（manna）從天而降。這是一個機會，但仍然需要有人去掌握機會，進而發動實際作為。如果想要重燃創新之火，重啟更強大也更面面俱到的公共論述，並且推動民主精神的復興，光是開放資料存取權只能說是滿足了必要條件，還算不上是充分條件。

我們已經來到一個決定性的十字路口。如果繼續走「獨占資訊」的路，就會讓資料穀倉各自孤立的種種缺點更為強化，讓各個數位平臺繼續坐大，也就使得民主體制從架構上更容易碰上資訊操弄、腐敗強權政治，以及非理性、不講事實的民粹主義。開放資料存取權就是我們最主要的槓桿工具，能夠逆轉目前資訊集中在少數人手中的隱伏弊病，為人民賦權。而且請不要誤會：這裡賦權的對象絕不只是西方，而是全世界各地方的人民。

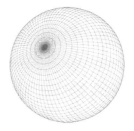

第 8 章

終結資料殖民主義

在這場資訊權力遊戲中，

戶頭裡有幾十億美元的資料殖民者，

只付出銅板價，就雇用了南方世界的數位零工。

在這個科技冷戰的時代，

該來一場資料去殖民化的新運動了。

芝加哥有位女性，在 Uber 應用程式輸入目的地，規劃自己想要的行程。而 Uber 的演算法就訂出了價格，並找到附近一位合適的司機。這趟車的確認過程比平時多花了幾秒鐘，但是乘客和司機都不知道，其實剛才 Uber 的即時身分檢查系統響起了警訊。那天這位司機才剛上工，得先照一張自拍照，上傳到即時身分檢查系統。可是昨天是他女朋友的生日，所以他昨天晚上把鬍子刮了個乾淨，結果讓臉部辨識軟體無法充分確定這個在駕駛座上的人，是不是他自稱的身分。

與此同時，在印度海德拉巴市，有位年輕的女性坐在廚房裡，正用筆記型電腦上班。她是在為 CrowdFlower 工作——這是一個所謂「點擊工作者」（clickworker）的平臺。她的筆記型電腦螢幕上出現了這位 Uber 司機的兩張照片，一張是 Uber 帳號的官方照片，留著鬍子，另一張是他剛剛拍的自拍照。

現在開始有個沙漏倒數計時。在印度的這位女性只有很短的時間，要判斷兩張照片是不是同一個人（只不過現在把鬍子刮得乾乾淨淨）。她只要點下確認鍵，就能正式允許這趟車成立，她也能得到幾美分的報酬。

幽靈工作

人類學者葛雷（Mary Gray）與蘇利（Siddharth Suri）於 2019 年出版的著作《你不知道的線上零工經濟》（*Ghost Work*），就描

述過這樣的「幽靈工作」。對葛雷與蘇利來說，數位化帶來了許多新興、令人咋舌、而又自相矛盾的現象，「幽靈工作」正是其中一項。

全球每天有幾十億人在電腦與智慧型手機上使用各種數位服務，並且一心相信做事的是這些聰明的機器。但事實上，這些任務其實是被拆成可行範圍內最小的分量，以最低的工資，交給世界各地的上億人來完成，好讓那些巨大數位機器繼續運轉。就算是科學管理大師泰勒（Frederick Winslow Taylor）也一定沒想到，自己提出的分工概念，居然會在大數據資本主義的生產線上，擴大到這種規模，每個單一工人的產出都能精細量測監控，而把工作都拆分開、再加以自動化整合處理之後，客戶又能得到多麼大的好處。

此類平臺是透過微型合約（micro-contract）撮合相關工作，平臺本身隱而不顯，取的也都是各種時髦的新創企業名稱，像是 Cognizant（高知特）、Streetspotr、Figure 8、Mechanical Turk（土耳其機器人），又或者直接大剌剌的稱做 Clickworker。這些平臺之所以能存在，是因為即使到了今天，我們以為 AI 已經無比強大，其實很多仍然是人在背後完成各種工作：判斷刮了和沒刮鬍子的臉；在 Waymo 自駕車錄的影片裡，把各種交通號誌做完辨識，加上標籤；幫網路商城寫出簡短的產品描述；查詢電話號碼，並輸入資料庫；清理與準備資料集；計算足球員觸球次數；審查社群媒體的暴力、仇恨或色情內容；想出一

堆搞笑答案，來回答使用者詢問 Alexa 的搞笑問題。

在這些任務上，人類的表現仍然比機器更好。但這並不代表 AI 不會在短期之內取代人類。只要蒐集並使用愈多訓練資料，機器會在這些領域取代人類的可能性也就愈高。只不過是在今天、或者至少是短期內，就連巨星企業也還是需要用人工來完成這些工作。在這些巨星企業運用點擊工作平臺打造出的系統中，大概還是人類臨時工會覺得自己比較需要客戶，而不是客戶覺得需要臨時工；特別是想到未來，人類的點擊工作者可能會被 AI 逐步取代。

葛雷與蘇利在《你不知道的線上零工經濟》書中，描述了分散在世界各地的自由工作者，談到這些人萬般無奈，被迫互相比拚，爭取這些微型工作的機會。

分散在全球的這些「網路眾生」（cyberiat），當然沒辦法像工業革命後的工人那樣組織工會。包括牛津大學的經濟地理學家格雷厄姆（Mark Graham）在內，許多學者兼社會運動人士都指出，由於大家大打價格戰，殺紅了眼，這些微型工作得到的薪水，其實遠低於西方世界的最低工資。

由新加坡管理大學的原航太郎（Kotaro Hara）與牛津大學的亞當斯（Abigail Adams）所領導的研究團隊，就曾針對亞馬遜的土耳其機器人這個零工平臺，計入每項工作的無酬資料搜尋與準備時間之後，發現平均工作時薪只有二美元。這些打零工的「點擊工人」只有 4% 的時薪能拿到高於七美元。

在許多國家，即使有規定最低工資的法律，通常也不適用
於這樣的微型合約平臺。而當然，這些平臺業者也幾乎從來不
會為這些零工提供社會保障或醫療照護服務，業者堅稱就法律
而言，這些點擊工人屬於自雇業者，每次接案就像是自動簽下
一份承攬合約。至於那些微薄的報酬，則通常是透過像 PayPal
這類的全球收款服務，轉進他們的帳戶。

資料殖民主義

就點擊工作者的工作條件而言，若是在經濟繁榮的地方，
幾乎不會有人認為值得做這種苦工；頂多覺得可以用來打發時
間，賺點零用錢。

也正因如此，坐在桌前打著電腦的數位零工勞動者，絕大
多數位於印度、巴基斯坦、孟加拉、菲律賓，以及拉丁美洲，
特別是中美洲國家與巴西、祕魯，而在貧困的委內瑞拉也開始
出現這種趨勢。總之，只要電力正常、網路夠快就行。另外在
非洲，也有很多人按著滑鼠打這種零工，每小時領一美元到三
美元的工資。

在許多較貧困的地區，這對個人來說或許是經濟良機，收
入已經比當地就業市場上的選項都來得更好。但從社會的角度
來看，本來數位化對人類許下各種宏偉的承諾，說要帶來解放
與自由，著名評論家佛里曼（Thomas Friedman）也在大約二十年

前認為這樣的結果就是「世界是平的」,但現在的發展卻形成了強烈的對比。

我們如今所經歷的,是殖民主義的重生,也有愈來愈多人稱之為「資料殖民主義」(data colonialism),許多人是在墨裔美籍傳播學者梅希亞斯(Ulises Ali Mejias)與英國社會學家寇竹瑞(Nick Couldry)的介紹之下,瞭解了這個詞彙。

這一次,南方世界的人民並未經受砲艦的侵略,也沒有殖民軍隊前來掠奪土地、橫征暴斂、強取自然資源。在資料殖民主義中,那些過去的殖民地現在是因為打著數位零工、或是使用應用程式,而向殖民者進貢資料。現在的殖民強權也不再是英國、法國、義大利、西班牙、葡萄牙、比利時、荷蘭、德國或日本,而是美國與中國。

這是史上第一次,過去的歐洲與日本殖民列強,現在也與那些過去遭到他們剝削的人,站在同一條船上。當然,大多數歐洲人與日本人並未因為經濟狀況不佳而被迫從事數位零工,但他們被迫接受的,是那些資料殖民強權透過應用程式,所提出的各種使用條款。這就像是過去的殖民統治者,找上毫無抵抗能力的南方人民代表,逼迫他們簽下各種條約,接著就強取豪奪了他們的土地與資源。

事實上,對於應用程式的使用者來說,在使用應用程式之前,按下「同意」鍵,並不代表甘心接受了對等兩方達成共識的交易,更不代表已經真正瞭解其中那些霸道專制的條款。

科技冷戰 ⌐🖱

2018 年，歐亞集團（Eurasia Group，總部位於華盛頓特區的智庫）主席布雷默（Ian Bremmer）提出「科技冷戰」一詞，用來形容美中兩國在數位科技的地緣政治僵局。

布雷默認為：自從東西方衝突結束以來，世界就活在由美國主導的「美利堅治世」（Pax Americana）之中，而且不是只有在政治方面，而是在科技方面也是如此。除了少數利基領域，絕大部分一直是由美國的軟硬體主宰世界市場。矽谷的網際網路新創企業將整個世界連成網路，並將因而得到的資料做了最巧妙的應用，讓自己成了全球科技巨擘，市值超越過去其他所有企業。美國政治圈見證美國科技在全世界的勝利，也深感得意，所推出的各項政策，目標多半就是要避免法規阻擋了美國科技產業往全球擴張的路。至於美國的外貿政策，也與科技公司的利益及全球化的節奏同步。

同樣的，中國每次提出新的五年計畫（自 2006 年起，改稱五年規劃），大家都可以看到中國如何有策略的規劃出一條成為科技大國的道路。從聯想、小米、華為等中國科技品牌的成就，就能看到這些五年計畫透過「中國特色資本主義」取得了多大的成功，讓這些品牌先在龐大的國內市場立足，接著就邁向了世界的舞臺。目前無論是從購物到支付等等資料導向的應用、行動服務、社群媒體、有語音辨識功能的數位助理、又或

是健康應用程式，中國產品多半已經優於美國的同類產品。

隨著中國崛起為數位超級強權，科技上的美利堅治世也正慢慢消失。正如過去北大西洋公約組織（NATO）與蘇聯為首的華沙公約組織之間的冷戰一般，在布雷默看來，現在的世界也慢慢分為兩個陣營。而為了能夠使用這兩大強權的數位平臺與技術，各國不得不選邊站。在這種狀況下，美國和中國的技術圈就會互相脫鉤。在這兩套數位系統出現碰撞的地方，就會看到雙方代理人之間的小規模衝突，正如美蘇冷戰時的情形。

過去在 1945 年到 1989 年期間，軍事與政治的忠誠已經與經濟脫不了關係；而在目前的科技冷戰，又會因為軟硬體與數位基礎建設的關係，而使連結更為增強。只要瞄一眼科技新聞頭條，似乎就能證實布雷默的美中對立觀點。只要是想用華為 5G 技術的廠商，都會感受到美國陣營的壓力。想要選擇中國技術、但資金不足的人，則可以從中國國營銀行得到低利貸款。

在 2020 年之後，局勢又進一步升溫。川普總統在任的最後幾個月，將政治戰場進一步擴張，從原本的晶片、智慧型手機與電信基礎建設，又邁向了資料領域；一方面要求中國的「字節跳動」拆分其社群影片應用程式 TikTok（抖音的海外版，在美國有超過一億以年輕人為主的用戶），另一方面也威脅將禁用功能包山包海的社群應用程式「微信」（許多中裔美籍人士都使用這個應用程式）。

川普政府的這種政治風格，聲勢浩大、但效果有限，大概

不會是白宮的常態。至於拜登政府，雖然嘴上不說那些有毒言論，實際上卻是把某些關鍵政策立場踩得更強硬，把中國視為真正的地緣政治競爭對手，也將高科技視為一個代理人戰場。拜登的白宮投入大筆研發經費，並邀請世界各地有抱負的年輕研究人員來到美國，就是希望能改善目前的處境，在高科技領域站穩科技領先地位，並奪取全球市占率，特別是在那些擁有豐富資料的領域。

出於政策考量，雙方都希望能夠多少讓自己的供應鏈與對方脫鉤。中國愈來愈重視自行生產晶片，而蘋果、惠普、戴爾等美國硬體製造商，也將部分生產基地從中國移至他國，以減輕地緣政治風險。此外，中國中央政府近期也推出新法規，要求公家單位撤換掉所有外國的電腦設備與軟體。

資料霸權爭奪戰

在 AI 霸權爭奪戰中，中國靠著龐大的人口與人民使用數位服務的熱情，占有結構性的優勢。其中特別是「資料」，將會繼續是火熱的政策議題。

中國靠著國家防火牆，不讓美國數位大廠進入市場（就算歐洲能出現數位大廠，大概也會被拒於門外）；但直到不久之前，雖然中國的巨星企業總受到西方嚴重質疑，認為在資料蒐集上有嚴重的安全疑慮，也認為中國政府有可能持續存取使用

那些資料，但這些中國巨星企業向來能來去自如，搶進西方各個市場。在這場爭奪資料霸權的科技冷戰中，TikTok 與微信只是衝突的開端，目前已有愈來愈多國家，考慮將華為等中國供應商踢出市場，不讓這些廠商在新興的行動資料供應鏈當中，擔任關鍵角色。

就算我們接受科技冷戰已成事實，但我們很希望這場冷戰不會升溫，不要走向哈佛大學教授艾利森（Graham Allison）最新著作《注定一戰？》所預測可能發生的不祥情景。艾利森在書中指出，在世界歷史上，每當主宰世界的強權出現頹廢與衰落的跡象、受到新興權力的挑戰，幾乎總是會引發戰爭。艾利森以帶領雅典人對抗斯巴達的希臘將軍修昔底德為名，將這種危險稱為「修昔底德陷阱」。而比較近代的例子，則是德意志帝國在俾斯麥與威廉二世統治下崛起，對於英國的全球霸權逐漸造成威脅，最後引發第一次世界大戰。

也有人對「科技冷戰」的說法有所質疑，覺得這個詞擔負了太多的歷史包袱，像是印裔美籍作家暨政治顧問柯納（Parag Khanna）就指出，想把世界分成兩個敵視的科技陣營，這種概念根本與數位科技的本質互相矛盾。科技在世界上的傳播，不但不受限制，甚至可說是用曲速在進展。不相信科技冷戰的人認為，美中兩大強權在世界上都愈來愈不受歡迎，要說他們能這樣拉起一道數位鐵幕，無論在技術或政治上都太不可能。

或許事情確實如此，但對於歐洲、日本、新興亞洲經濟體

與南方世界來說，在這場兩個數位強權的地緣政治鬥爭當中，仍然有很充分的理由不要只當個旁觀者。

不必跟著搖旗吶喊

無論是「科技冷戰」或「資料殖民主義」的稱喻，一方面在語言表達上有疑義，另一方面也是將數位現實大幅簡化了，或許甚至會帶來危險。特別是在將兩者一併呼喊的時候，這兩種反烏托邦的預期，不但顯現出世界其他地區在數位方面相對無能，也為高科技領域又加入了一些地緣政治的考量，而使美中問題的複雜性大增。

危險在於：一如過去的冷戰，新興的科技冷戰一旦啟動，局面就難以停止，也難以後退了。從霸權國家的地緣政治觀點來看，無論美中都會覺得非贏不可，才能維持並增強各自的強權地位。

中國這個新興數位強權，或許覺得自己是在挑戰現有科技霸權，必須進一步強化自己的崛起。在某種程度上，可能也是因應美國威脅要把所有高科技價值鏈的關鍵節點，都留在美國本土（例如技術設計與開發，以及尖端生產與資料託管），中國才會有這樣的反應。為了擴大霸權疆域，中國已經鎖定那些可能的數位客戶國家，提供深具吸引力（至少是第一眼看來）的組合方案，像是經濟與基礎建設援助、以及各種便宜的產品；

而對於那些死抓著權力、但正面臨動盪的統治者來說，也能因為中國所刺激的經濟成長，讓自己的政治地位穩固。此外，中國也愈來愈把手伸進各個國際標準制定機構與程序，常常拿下領導的位子，影響科技發展的軌跡。

另一方面，美國可能覺得自己就是數位王座的在位者，面臨著新來者的威脅，因此擺出防衛姿態，在全球高科技的疆域是一寸不讓。美國的回應是祭出保護主義措施，並再次要求盟友的數位與資料政策不能倒戈，其中特別包括但不限於安全議題。只要哪個國家選了某家中國供應商、哪個標準的制定程序不合美國的意，都有可能被以零和賽局的觀點來對待——也就是認為只要哪邊贏了那麼一點點，都有可能像是墊腳石，未來將在這個科技戰場上帶來更大的地緣政治力量。

像這些與類似的互動，就可能形成一種自我延續的動態，讓我們看著這兩大地緣政治競爭者不斷分裂整個世界、也殖民整個數位世界。事實上，在那些「數位無主之地」的新世界，美中科技巨擘已經征服了幾乎每個角落，打造出各種資訊權力結構，讓智慧型手機用戶直接把數位經濟最有價值的原物料，送到這些資料殖民者的伺服器上，就只是換到「免費使用服務」這種小利小惠。

這些龍頭的系統設計，並不見得是真的想對使用者有利，他們只是想吸引用戶在上面投入更多時間，如此才會產出最多的資料量。這些數位殖民大亨操於股掌之間的，除了包括歐洲

的疫情追蹤應用程式如何提供資料串流，也包括在歐洲、拉丁美洲、非洲和亞洲的幾十億人，每天會看到怎樣的個人動態新聞，以及有誰能或不能偷偷觀察用戶的電子郵件與資料串流。

而在這場資訊權力遊戲中，或許最黑色幽默的一點就是：財富飆破天際、戶頭裡有幾十億美元的資料殖民者，只付出銅板價格，就雇用了南方世界的數位零工，但產生的資料正是要用來訓練機器走向下一步：把那些數位零工的「幽靈工作」自動化。

在這個科技冷戰的時代，是該來一場資料去殖民化的新運動了。

推動資料去殖民化運動

每次用到像「殖民主義」這種有著歷史汙點的詞，還是不能忘了當初殖民者如何壓迫、奴役殖民地的原住民，造成種族滅絕，帶來無盡的痛苦。但當然，我們談到數位殖民主義，概念能夠類比的程度大概也就到此為止。不過，政治去殖民化命運多舛的歷史（特別是二戰之後）或許也能有所幫助，讓我們在試圖驅逐殖民強權的時候，更能看清哪裡可能有陷阱。

一如史上的殖民統治者，美中科技巨擘已經達成三件事。第一，這些歌利亞們打造出了他們的技術結構，而種種經濟與（一定程度的）政治權力在這些結構裡盤根錯節、根深柢固，於

是只要能占有資源，主宰的地位只會愈來愈穩固。

第二，由於他們不斷獨占著「資料」這種資源，已經讓人覺得看起來似乎再自然不過，彷彿本來就該如此，數位使用者很少會起身反抗現狀；或者，可能覺得就是別無他法，只能繼續遵守市場經濟的全球化剝削邏輯。事實上，大家對於這些企業獨占資料，已經覺得太理所當然，甚至不會注意到他們是怎麼取得資料的。

第三，那些坐擁豐富資料的巨星企業編出一套故事，用來說服我們這些無能為力的資料提供者；但這套故事其實聽起來就像史上那些殖民者的說法，同樣令人很不舒服 —— 他們說：被殖民者還該感謝殖民者終於給他們帶來了「文明」，被殖民者是在參與邁向進步的偉大運動。正如我們在第 1 章〈資訊的力量〉所見，那些矽谷英雄同時也是說故事大師；至於他們在中國的同行，也巧妙模仿了這種能力。這一次的劇本，寫的是只有矽谷或中國能研發出某種數位萬靈丹，讓人從此無憂無慮；至於全球其他地方，則是推動數位創新的速度不夠快，只能接受不幸的結局。

政治去殖民化與後殖民主義延續至今的動力，證明殖民權力結構有多麼強大且持久。殖民時期是以武力進行壓迫，後殖民時代則變成對勞力與原物料的經濟剝削；而時至今日，則是種種的掠奪性合約，且能透過國際法院強制執行。

在過去的殖民地常常見到一種情形：當地原生精英一朝得

勢，成為統治階級，常常就成了殖民國的幫兇，種種行事決定
都違背自己原本獨立國家的利益。長達好幾個世代的時間，那
些所謂文明的白人統治者，不斷透過各種白人學校、白人文學
與白人媒體，向被殖民者灌輸一種自卑感，也讓這些被殖民者
的自我形象多少受到一些負面影響。

如何爭取自己的數位主權？

　　或許有人會覺得這樣的對比實在太誇張，但目前在歐洲、
亞洲、非洲和拉丁美洲的許多國家，似乎正是受到資料殖民主
義如此的束縛；而且雖然他們已經愈來愈意識到這種困境，卻
還是不知道如何爭取自己的數位主權。每次有相關討論，都會
讓人感覺揉雜了一種強烈的自卑，以及硬裝出來的樂觀。

　　在各個區域性的數位經濟體中，政策制定者、傳統企業和
其他參與者，都希望在這場大數據資本主義的全球競賽當中，
迎頭趕上，爭取一些市場力量。他們相信，只要向那些目前稱
王的壟斷平臺看齊，把事情做得一樣好，或者至少不要相差太
多，應該就能追上進度了。

　　許多國家講到「數位主權」、講到各國的「龍頭企業」，總
是嘴上說得鴻圖遠志，但最後只是又組織了一支研究團隊，又
或者再次訴諸老掉牙的產業補助政策，試圖扶植當地的數位落
後者，而不是擴大開放資料、培養對資料的正確心態。但事實

上，擴大開放資料、培養資料素養，才是研發 AI 系統、發展
數位應用的先決條件。

如果有人太赤裸裸想要奪取數位權力，有時候各大新興市
場就會產生過敏反應。譬如臉書曾經找上印度，表示可以為印
度全國提供免費上網，但前提是臉書成為守門人，能夠取得運
用所有資料的權力。臉書這種作為，當然引來了反效果。

像是印度這類國家，人口眾多、擁有豐富的資料，但執政
策略的介入不夠頻繁，做法也不夠一致，結果就像總人口數達
七億的歐洲一樣，只是讓資訊不平等的局面延續而已，而自己
的頂尖科技人才，卻有愈來愈高的比例移民美國。

資料殖民地聯盟

在第 5 章〈權力與機制〉和第 6 章〈開放資料存取，就是
王道〉，我們談過為何規定全面開放資料，能夠推動數位與創新
的解放，也談過在立法與實踐上會是什麼情形。這絕對不是只
有歐洲這樣先進的「後工業社會」能做，其實無論哪個國家或
地區，只要有足夠的用戶人數與市場力量，能令那些數位巨星
企業垂涎、不想拱手讓人，就能考慮採用這種做法。

2019 年 4 月，聯合國貿易和發展會議（UNCTAD）在日內
瓦舉行數位發展論壇，為期一週，討論如何透過強制要求開放
資料，來實現數位去殖民化。（正是在同一個地點，國際聯盟

於 1919 年簽訂公約，讓非洲與亞洲歷史性的去殖民化運動，踏出第一步。）在 2019 年的數位發展論壇上，包括印度、巴基斯坦與奈及利亞在內，各大新興經濟體的代表都深具信心，認為歐洲的決策流程太過繁瑣、各種資料保護制度又太過複雜，相較之下，自己肯定能夠更快、更全面推動開放資料的規定。他們的陳述很符合實情，而且一旦確實做到，就會是明確的政治訊號，表示在這個資料導向的創新時代，南方世界下定決心，為自我賦權。

但對於許多國家與地區來說，最好的辦法應是聯合起來，形成開放資料聯盟，共同應付資料殖民者。或許讓人意想不到的是，我們其實已經朝這種願景跨出了第一步。2019 年 6 月，G20 高峰會在大阪召開，當時的日本首相安倍晉三就發起一項倡議，希望國際上能夠更開放交換資料。這項倡議的明確目標稱為「大阪框架」（Osaka Track），希望透過國際資料合作，促進創新和競爭。

大阪框架得到二十四國的認可，包括許多歐洲國家、以及資料超級強權美國與中國。但令人意外的是，印度、印尼、南非等資料豐富的新興經濟體拒絕加入。他們覺得歐洲只是想靠著這些開放的國際資料，建立起第三個數位權力中心；如果依照科技冷戰的邏輯來看，南方世界得面對的，就不是兩個數位霸權，而是三個。

安倍晉三的「大阪框架」起跑如此不順，顯示新興經濟體

已充滿戒心，我們反而可看出：美中兩大科技強權的數位霸權時代，可能已經時日無多。

　　想要靠著跨境開放資料來創造財富，策略之一就是提出一份能讓許多國家都覺得大有賺頭的方案：一起加入某個「資料開放特區」，而美中的數位巨星企業如果想在這個特區裡面做生意，也得開放自己的資料。

　　這絕不是什麼傳統的後殖民概念，而是恰恰相反：是要靠著眾人的聯合行動，打破那些讓霸權千秋萬世的後殖民主義。要是能夠在各國之間成功建立這種新聯盟，就有可能從根本上改變巨星企業打造出來的權力結構，讓資訊權力去中心化，把資訊權力重新分配到世界各地。這項解決方案的重點，或許乍聽之下會以為是在於科學技術，但其實重點在於結構，而且能帶來的影響更是遠大——這會是一場全球社會的革命，讓數位化終於能夠實現它遠大的承諾，為人類帶來解放與自由。

　　提倡各種數位體系的人，總希望要強化民主論述，為所有人民帶來經濟上的機會與繁榮，也要運用科技讓新興經濟體與南方世界覺得「世界是平的」，並為他們指出一條邁向進步的道路。有些時候，我們也會覺得這一切似乎就是正確的方向。然而，有愈來愈多的證據證明事實不然。幾乎在所有地方，政治言論都是變得更為偏激，而巨星企業還會操縱演算法來火上加油，原因就是：衝突能夠提升使用者的參與度，讓他們在社群媒體上待得更久，這就能讓企業財源滾滾而來。

　　在幾乎全球各地，無論是在社會內部或各國之間，都可以看到經濟不平等不斷擴大。而且正如我們在第 2 章〈資料煉金術〉與第 3 章〈熊彼德的惡夢〉所述，雖然許多人把「創新」這件事吹得天花亂墜，但我們所處的這個時代絕不是什麼創新的時代——由於市場集中，已經讓創新的腳步愈來愈慢。而且很多人沒有注意到，如果創新太少，往往會令社會更為分裂。

　　必須在科技與社會上有徹底的創新，才能讓國家的繁榮出現品質的提升，而且讓目前在經濟上被排除在外的人（無論東西半球都有這樣的人）也能夠參與未來，同時也才能協助人類控制地球的生態問題。

　　馬斯克當然可以宣布自己想要死在火星上，這在某種意義上還滿令人欽佩的，因為在那些矽谷大咖當中，馬斯克是唯一一位熊彼德式的企業家：一位創造性的破壞者，要靠著自己的願景、使命與埋頭苦幹的實踐，開闢出一條道路，讓新的事物能來到這個世界（或是帶我們進入太空）。只不過，我們大多數人應該並不想死在火星，而是寧可開開心心繼續活在地球上。

成功案例：反 AT&T 壟斷

　　去殖民化錯綜複雜的歷史，讓我們看到：想要打破既有權力結構，一方面絕對有其必要，但另一方面卻也艱巨異常。但是在二十世紀，就有一個深具啟發卻又常被忽略的成功案例。

1950 年代，美國電信公司 AT&T 旗下，擁有各種子公司與附屬機構，儼然成為一隻企業巨獸，員工人數超過百萬，年營收換算大約等於今日的三百億美元。然而光從這些數字，還無法呈現 AT&T 真正握有的權力。美國人把 AT&T 企業體系暱稱為「貝爾大媽」（Ma Bell，貝爾公司是 AT&T 的前身）—— 從電話製造、交換機的操作，再到整個美國電信網路的營運，都在 AT&T 企業體系的掌握之中。貝爾大媽所提供的電線，從核導彈基地連結到五角大廈，再從五角大廈連結到白宮。貝爾大媽所擁有並負責營運的海底電纜，讓美國與世界各地連結起來。一般人看來，以為 AT&T 是電話公司，但它其實已經成為獨占市場的供應商，握有美國這個經濟強權的通訊命脈。

而且，AT&T 的重要性甚至還不僅如此。在紐澤西州牧瑞丘的郊區，AT&T 龐大的企業研究中心「貝爾實驗室」默默在此營運。貝爾實驗室工程師要負責的任務，就是要改進與發展 AT&T 的電話網路。然而，總部給了貝爾實驗室工程師充分的自由，於是他們就這樣研發出一系列遠超出語音通訊領域的關鍵科技。其中最重要、影響最深遠的，就是在 1947 年發明的電晶體，成了往後整個資訊革命的基石。貝爾實驗室的領導階層很快就看出這項發明的意義有多麼重大，立刻將這項產品（以及一系列以矽製造電晶體的流程）申請專利保護。

就某些方面而言，貝爾實驗室與 AT&T 就像是把整個矽谷壓縮成一家企業。

　　AT&T 巨大的經濟和資訊實力，讓它成為美國政府反壟斷的目標。1949 年，美國聯邦政府認定 AT&T 濫用獨占地位，將之起訴。經過漫長的法律流程與持續的遊說（包括強調在冷戰高峰期間，AT&T 對美國國家安全發揮了多高的重要性），美國政府在 1956 年與貝爾大媽達成和解。雖然 AT&T 與子公司開始受到地方公用事業委員會的監管，但基本上影響不大。

　　唯有一件看來很小、但其實意義重大的例外：在 1956 年之前授予貝爾實驗室的幾乎所有專利（約有八千件），將免費開放給所有美國企業使用；而未來授予貝爾實驗室的專利，也將以便宜的價格開放使用。

貝爾實驗室給我們的啟示

　　就是大筆這麼一揮，不只是電信網路、甚至可說是資訊革命的整個知識基礎，就這樣開放進入了公共領域，為美國經濟提供了前所未有的資訊與知識紅利。而且，這份大禮的效力將會延續數十年：電晶體後來就成了電腦晶片的組成元件，而雖然貝爾實驗室後來無法得到完全的專利保護，員工還是繼續研發與設計各項科技，像是雷射、數位影像感測器、行動電話技術、C 語言，以及 Unix 作業系統（這套作業系統不斷發展，讓今日的數十億臺電腦得以運作，從超級電腦到智慧型手機，不一而足）。

　　貝爾實驗室案例的重要性與啟發性，至少在於三個方面。

　　第一，讓我們看到開放資料能夠怎樣激發創新，乃至推動經濟發展。最近已有學者證明，開放貝爾實驗室的專利確實帶動了後續的其他創新，特別是在電信領域之外。而且這些創新主要是由中小企業所推動。正如前面所提，電晶體的共同發明者暨貝爾實驗室的長期研究員蕭克利，就是很好的例子。他在1956 年離開貝爾實驗室來到加州，在加州門羅帕克鎮創辦自己的晶片新創企業，可說正是因此催生了整個矽谷；當時也因為有了貝爾實驗室的幾千項專利，讓他如虎添翼。

　　第二，貝爾實驗室的案例也讓我們看到，向他人開放資料並不會讓自己變得比較缺乏創意與創造力。就算在 1956 年反壟斷案達成和解、接受相關規定之後，貝爾實驗室的研究人員仍然繼續產出許多重要的發現與發明。貝爾實驗室史上，共獲得九項諾貝爾獎，其中有七項都是出於和解之後的發現。

　　第三，美國在過去就曾經成功以「規定開放資料」來刺激創新，帶來顯著的經濟與社會效益。如果就連在冷戰高峰期，當時的共和黨艾森豪政府都能逼迫權勢熏天的獨占企業開放資料，到了二十一世紀，沒有道理在美國或其他地方做不到。除非是還沒有看清楚開放資料能夠如何扭轉一切，為社會帶來長期的利益。

開放資料存取，就是王道

　　規定要開放資料，並無法讓所有問題一夕得到解決。但如果我們能夠靠著開放資料存取權，來打破巨星企業的壟斷，就能為全世界的創業者提供去中心化的數位賦權引擎，讓人人享有同樣的機會，來改善人類共同的命運。在一個公平的競爭環境中，本著熊彼德破壞性創新的精神、支持競爭的心態，這些人就會帶來數位創新，造福所有人。

　　這究竟是太理想的烏托邦，還是一個可行的願景？在富蘭克林看來，答案十分清楚：想要擁有民主論述、經濟發展、政治正義，最重要的基礎就是開放資訊，而這也正是美國獨立革命的出發點與驅動力。是靠著開放資訊，才讓美國脫離了英國殖民統治而獨立。而「人人有資料」就會是資料殖民主義終結的起點。

　　開放資料存取，就是王道。在這個資料時代，等到人人都能同享資訊財富，就會讓資訊科技的本質有所改變，回歸最初的用途：為所有人賦權，讓我們得以運用資訊，成為更好的個人、更好的社會。

誌謝

　　這本書是以我們先前幾項共同研究成果為基礎，包括《大數據資本主義》以及特別是德文版的《權力機器》（*Machtmaschinen*, Murmann 2020）。

　　非常感謝我們的經紀人：Garamond Agency 公司的 Lisa Adams 一直提供明智的建議。我們也很感謝加州大學出版社的總經理 Tim Sullivan，他曾在十多年前擔任麥爾荀伯格《大數據：隱私篇》英文版的編輯，對於我們想要討論這樣一個重要但複雜的主題表示歡迎。感謝 Michelle Lipinski，總是提供體貼的引導，有著獨到的眼光、以及一貫的支持。無論是她或是同在加州大學出版社的同事，專業與熱情都讓我們深受鼓舞、深感啟發。我們十分幸運，能為英文版的《資料煉金術》找到這樣一個卓越的歸宿。

　　我們非常感謝 Jonathan Green 翻譯本書早期的英文版本，也感謝 David Gow 與 Lynda Crawford 出色的編輯。另外感謝閱讀及批評初稿的兩位審稿人，我們也盡量在完稿中採納他們的意見。

　　還要感謝許多人，與我們在正式或私下場合討論了這本書的大小細節。其中，特別感謝 AnnaLee Saxenian 與 Beth Noveck 兩位教授，她們在我們所提供的論點當中，扮演著理所應得的重要地位。

　　蘭姆格還要感謝維森鮑姆網路社會研究中心（Weizenbaum Institute for the Networked Society）與先進網際網路研究中心（Center for Advanced Internet Studies），提供研究獎助金，讓他在該期間完成本書部分研究。

　　作者致謝的時候，當然會想感謝所愛的人。而我們也想繼續遵守這項傳統，原因與其說這是對的事（確實也是！），不如說是因為我們深深感受到，就在我們坐在螢幕前、寫出一個又一個字的時候，生活還是在繼續。而我們的家人也就這麼默默的承受我們又再寫作另一本書。我們不敢保證這就會是最後一本，但是看著孩子將要接手的未來，我們深信，這本書想講的訊息實在有其重要性。

參考資料與延伸閱讀

　　本書的論述已經不單純屬於單一學術領域，而是將許多不同學門的絲絲縷縷編織在一起。讀者如果也有興趣參閱我們認為實用的資料，歡迎參考以下所列的部分書目。「一般參考資料」所列是比較概略性的書目，可能有不同章節都談到其中的內容。如果是希望瞭解大致梗概的人，這些書目會是很好的起點。至於後續為每章所列的參考資料，則是針對各章更具體的要點來做延伸，適合想要做更深入探討、或是對論點特定面向有興趣的讀者。

　　目前市面上已經有許多書籍文章討論各個數位平臺，指出這些平臺如何危害民主、破壞社會。其中討論的焦點多半在於資訊隱私、假新聞、帶風向等問題，也有一些是以批判資本主義的角度來切入。至於本書則希望再提供另一種不同的觀點，一方面是從創新，但另一方面也是從開放、多元、價值觀等角度切入。以下建議的參考書目，就反映著我們的這種觀點；我們並不是要無視其他觀點，而是希望能夠做為補充。

一般參考資料

Brin, David. *The Transparent Society: Will Technology Force Us to Choose Between Privacy and Freedom*. Cambridge, MA: Perseus Books, 1998.

Castells, Manuel. *The Rise of the Networked Society*. New York: John Wiley & Sons, 2011; originally published 1996.

Christensen, Clayton M. *The Innovator's Dilemma*. Cambridge, MA: Harvard Business Review Press, 1997. 中文版《創新的兩難》（20週年暢銷經典版），商周2022年出版。

Coase, Ronald H. "The Problem of Social Cost." *Journal of Law and Economics* 3, no. 1 (1960): 1-44.

Cohen, Julie. *Between Truth and Power: The Legal Constructions of Informational Capitalism*. Oxford, UK: Oxford University Press, 2019.

Erixon, Frederik, and Björn Weigel. *The Innovation Illusion—How So Little Is Created by So Many Working So Hard*. New Haven, CT: Yale University Press 2016.

Fagerberg, Jan, David C. Mowery, and Richard R. Nelson (eds). *The Oxford Handbook of Innovation*. Oxford, UK: Oxford University Press, 2005.

Friedman, Thomas. *The World Is Flat: A Brief History of the Twenty-First Century*. New York: Farrar, Straus and Giroux, 2005. 中文版《世界是平的》（增訂版），雅言文化2007年出版。

Gordon, Robert. *The Rise and Fall of American Growth: The U.S. Standard of Living since the Civil War*. Princeton, NJ: Princeton University Press, 2016.

Khan, Lina M. "Amazon's Antitrust Paradox." *Yale Law Journal* 126 (2017): 710-802.

Khan, Lina M., and David E. Pozen. "A Skeptical View of Information Fiduciaries." *Harvard Law Review* 133 (2019): 497-541.

Mayer-Schönberger, Viktor, and Kenneth Cukier. *Big Data: A Revolution That Will Transform How We Live, Work, and Think*. London: John Murray Publishing, 2013. 中文版《大數據》，天下文化2013年出版。

Mayer-Schönberger, Viktor, and Thomas Ramge. "A Big Choice for Big Tech." *Foreign Affairs,* September/October 2018.

Mayer-Schönberger, Viktor, and Thomas Ramge. *Reinventing Capitalism in the Age of Big Data*. London: John Murray, 2018. 中文版《大數據資本主義》，天下文化2018年出版。

McAfee, Andrew, and Erik Brynjolfsson. *Machine, Platform, Cloud: Harnessing Our Digital Future*. New York: W. W. Norton & Company, 2017. 中文版《機器，平台，群眾》，天下文化2017年出版。

McNamee, Roger. *Zucked: Waking Up to the Facebook Catastrophe*. New York: Penguin Books, 2019.

Noveck, Beth. *Wiki Government: How Technology Can Make Government Better, Democracy Stronger, and Citizens More Powerful*. Washington, DC: Brookings, 2010.

Pariser, Eli. *Filter Bubble: What the Internet Is Hiding from You*. New York: Penguin, 2012.

Ramge, Thomas. *Postdigital: Using AI to Fight Coronavirus, Foster Wealth, and Fuel Democracy*. Hamburg: Murmann Publishers, 2020.

Ramge, Thomas. *Who's Afraid of AI: Fear and Promise in the Age of Thinking Machines*. New York: Experiment Publishing, 2019.

Saxenian, AnnaLee. *Regional Advantage: Culture and Competition in Silicon Valley and Route 128*. Cambridge, MA: Harvard University Press, 1996). 中文版《區域優勢》，天下文化1999年出版。

Shapiro, Carl, and Hal Varian. *Information Rules: A Strategic Guide to the Network Economy*. Cambridge, MA: Harvard Business Review Press, 1998.

Stucke, Maurice. *Big Data and Competition Policy*. Oxford, UK: Oxford University Press, 2016.

Syed, Matthew. *Rebel Ideas: The Power of Diverse Thinking*. London: John Murray, 2020. 中文版《叛逆者團隊》，時報2021年出版。

Teachout, Zephyr. *Break 'Em Up: Recovering Our Freedom from Big Ag, Big Tech, and Big Money*. New York: St. Martin's Press, 2020.

Vaidhyanathan, Siva. *The Googlization of Everything (And Why We Should Worry*. Berkeley: University of California Press, 2012.

Véliz, Carissa. *Privacy Is Power: Why and How You Should Take Back Control of Your Data*. London: Bantam Press, 2020.

Weizenbaum, Joseph. *Computer Power and Human Reason: From Judgement to Calculation*. London: W. H. Freeman & Company, 1978.

Wu, Tim. *The Master Switch: The Rise and Fall of Information Empires*. London: Atlantic Books, 2012.

Zuboff, Shoshana. *The Age of Surveillance Capitalism: The Fight for a Human Future at the New Frontier of Power*. London: Profile Books, 2019. 中文版《監控資本主義時代》，時報2020年出版。

第 1 章　資訊的力量

Abboud, Leila, Joe Miller, and Javier Espinoza. "How Europe Splintered over Contact Tracing Apps." *Financial Times,* May 10, 2020.

Benkler, Yochai. *The Wealth of Networks: How Social Production Transforms Markets and Freedom*. New Haven, CT: Yale University Press, 2006.

Boerding, Andreas, Nicolai Culik, Christian Doepke, Thomas Hoeren, Tim Juelicher, Charlotte Roettgen, and Max V. Schoenfeld. "Data Ownership—A Property Rights Approach from a European Perspective." *Journal of Civil Law Studies* 11, no. 2 (2018): 323-370.

Bria, Francesca. "Digital Sovereignty for the People in the Post-Pandemic World." Medium, August 24, 2020. https://medium.com/@francescabria/digital-sovereignty-for-the-people-in-the-post-pandemic-world109472dd736b.

The Economist. "The Coming Tech-Lash." November 18, 2013.

Frasca, Ralph. "The Emergence of the Early American Press." *Pennsylvania Legacies* 6, no. 1 (2006): 11-15.

Isaacson, Walter. *Benjamin Franklin: An American Life*. New York: Simon & Schuster, 2003.

Lewin, Amy. "Barcelona's Robin Hood of Data: Francesca Bria." *sifted*, November 18, 2018. https://sifted.eu/articles/barcelonas-robin-hoodof-data-francesca-bria/.

OECD. "Why Open Science Is Critical to Combatting COVID-19." May 12, 2020. https://www.oecd.org/coronavirus/policy-responses/why-open-science-is-critical-to-combatting-covid-19-cd6ab2f9/.

Reidenberg, Joel R., N. Cameron Russell, Alexander J. Callen, Sophia Qasir, and Thomas B. Norton. "Privacy Harms and the Effectiveness of the Notice and Choice Framework." *I/S: A Journal of Law and Policy for the Information Age* (2015): 485-524.

Solove, Daniel. "Introduction: Privacy Self-Management and the Consent Dilemma." *Harvard Law Review* 126 (2012-13): 1880-1903.

Tufekci, Zeynep. *Twitter and Tear Gas: The Power and Fragility of Networked Protest*. New Haven, CT: Yale University Press, 2017.

Weber, Max. *Economy and Society: A New Translation*. Cambridge, MA: Harvard University Press, 2019.

第 2 章 資料煉金術

Agrawal, Ajay K., Avi Goldfarb, and Joshua Gans. *Prediction Machines: The Simple Economics of Artificial Intelligence*. New York: Ingram Publisher Services, 2018.

The Economist. "The Coming Tech-Lash." November 18, 2013.

Israel, Paul. *Edison: A Life of Invention*. New York: John Wiley & Sons, 1998.

Parker, Geoffrey G., Marshall W. Van Alstyne, and Sangeet Choudary. *Platform Revolution: How Networked Markets Are Transforming the Economy and How to Make Them Work for You*. New York/London: W. W. Norton & Company, 2016.

Peneder, Michael, and Andreas Resch. "Schumpeter and Venture Finance: Radical Theorist, Broke Investor, and Enigmatic Teacher." *Industrial and Corporate Change* 24, no. 6 (December 2015): 1315-1352.

Schmidt, Eric, and Jonathan Rosenberg. *How Google Works*. New York: Grand Central Publishing, 2014. 中文版《Google 模式》，天下雜誌2014年出版。

第 3 章 熊彼德的惡夢

Akcigit, Ufuk, and Sina T. Ates. "What Happened to U.S. Business Dynamism?" *NBER Working Paper #25756* (May 8, 2019). https://www.nber.org/papers/w25756.

Ante, Spencer E. *Creative Capital: Georges Doriot and the Birth of Venture Capital*. Cambridge, MA: Harvard Business School Press, 2008.

Auerswald, Philip, and Lewis Branscomb. "Valleys of Death and Darwinian Seas: Financing the Invention to Innovation Transition in the United States." *Journal of Technology Transfer* 28, nos. 3-4 (February 2003): 227-239.

Barkai, Simcha. "Declining Labor and Capital Shares." *Journal of Finance* 75, no. 5 (2020): 2421-2463.

Branscomb, Lewis, and James H. Keller (eds.). *Investing in Innovation: Creating a Research and Innovation Policy That Works*. Cambridge, MA: MIT Press, 1998.

Bryan, Kevin A., and Erik Hovenkamp. "Startup Acquisitions, Error Costs, and Antitrust Policy." Symposium: Reassessing the Chicago School of Antitrust Law. *University of Chicago Law Review* 87 (2020): 331-356.

Cowen, Tyler. *Average Is Over: Powering America Beyond the Age of the Great Stagnation*. Boston: Dutton Publishing, 2013.

Cowen, Tyler. *The Great Stagnation: How America Ate All the Low-Hanging Fruit of Modern History, Got Sick, and Will (Eventually) Feel Better*. New York: Dutton Adult, 2011.

Davies, Alex. *Driven: The Race to Create the Autonomous Car*. New York: Simon & Schuster 2021.

Decker, Ryan A., John Haltiwanger, Ron S. Jarmin, and Javier Miranda. "Declining Business Dynamism: What We Know and the Way Forward." *American Economic Review* 106, no. 5 (2016): 203-207.

The Economist. "The Coming Tech-Lash." November 18, 2013.

The Economist. "Technology Firms Are Both the Friend and the Foe of Competition." Special Report, November 15, 2018.

Fujiwara, Hisanori. "What Shapes Venture Capital Firms' Expansion across the Globe? Country-Specific and Firm-Specific Factors." *Journal of Private Equity* 17, no. 1 (2013): 7-13.

Gordon, Robert. *The Rise and Fall of American Growth: The U.S. Standard of Living Since the Civil War*. Princeton, NJ: Princeton University Press, 2016.

Kaplan, David A. *The Silicon Boys: And Their Valleys of Dreams*. New York: HarperCollins, 2000.

McCraw, Thomas K. *Prophet of Innovation: Joseph Schumpeter and Creative Destruction.* Cambridge, MA: Harvard University Press, 2007.

Peneder, Michael, and Andreas Resch. "Schumpeter and Venture Finance: Radical Theorist, Broke Investor, and Enigmatic Teacher." *Industrial and Corporate Change* 24, no. 6 (December 2015): 1315-1352.

Philippon, Thomas. "The Economics and Politics of Market Concentration." *National Bureau of Economic Research,* no. 4 (December 2019). https:// www. nber.org/reporter/2019number4/economics-and-politics-market- concentration.

Schumpeter, Joseph A. *Capitalism, Socialism, and Democracy.* New York: Routledge, 2010.

Schumpeter, Joseph A. *History of Economic Analysis.* New York: Routledge, 1987.

Schumpeter, Joseph A. *The Nature and Essence of Economic Theory.* New York: Routledge, 2017.

Toffler, Alvin, and Heidi Toffler. *Future Shock.* New York: Bantam Books, 1970.

Tse, Edward. *China's Disrupters: How Alibaba, Xiaomi, Tencent, and Other Companies Are Changing the Rules of Business.* New York: Penguin, 2016.

Virilio, Paul. *Polar Inertia.* San Francisco, CA: Sage Publications, 1999.

第 4 章　數位壟斷資本主義

Alcantara, Chris, Kevin Schaul, Gerrit De Vynck, and Reed Albergotti. "How Big Tech Got So Big: Hundreds of Acquisitions." *Washington Post*, April 21, 2021.

Baer, Ralph. *Videogames: In the Beginning.* Springfield, NJ: Rolenta Press, 2005.

Ezrachi, Ariel, and Maurice E. Stucke. *Virtual Competition: The Promise and Perils of the Algorithm-Driven Economy.* Cambridge, MA: Harvard University Press, 2016.

Gordon, Robert. *The Rise and Fall of American Growth: The U.S. Standard of Living since the Civil War.* Princeton, NJ: Princeton University Press, 2016.

Hayward, Keith. "Airbus: Twenty Years of European Collaboration." *International Affairs* 64, no. 1 (1987-88): 11-26.

Huang, Yasheng. *Capitalism with Chinese Characteristics: Entrepreneurship and the State.* Cambridge, UK: Cambridge University Press, 2008.

Huang, Yasheng. "China's Use of Big Data Might Actually Make It Less Big Brother-ish." *MIT Technology Review*, August 22, 2018.

Johnson, Keith, and Elias Groll. "The Improbable Rise of Huawei: How Did a Private Chinese Firm Come to Dominate the World's Most Important Emerging Technology." *Foreign Policy*, April 3, 2019.

Lemley, Mark, and Andrew McCreary. "Exit Strategy." *Boston University Law Review* 101 (2021): 1-102.

Malcomson, Scott. *Splinternet: How Geopolitics and Commerce Are Fragmenting the World Wide Web*. New York: OR Books, 2016.

Mayer-Schönberger, Viktor, and Yann Padova. "Regime Change? Enabling Big Data through Europe's New Data Protection Regulation." *Columbia Science & Technology Law Review* 17 (2016): 315-335.

McCraw, Thomas K. *Prophet of Innovation: Joseph Schumpeter and Creative Destruction*. Cambridge, MA: Harvard University Press, 2007.

Schumpeter, Joseph A. *History of Economic Analysis*. New York: Routledge, 1987.

Schumpeter, Joseph A. *The Nature and Essence of Economic Theory*. New York: Routledge, 2017.

Solove, Daniel J., and Paul M. Schwartz. *EU Data Protection and the GDPR*. New York: Wolters Kluwer, 2021.

Thiel, Peter, and Blake Masters. *Zero to One: Notes on Startups, or How to Build the Future*. New York: Penguin, 2014. 中文版《從0到1》，天下雜誌2014年出版。

Vance, Ashlee. *Elon Musk: How the Billionaire CEO of SpaceX and Tesla Is Shaping Our Future*. London: Virgin Books, 2015. 中文版《鋼鐵人馬斯克》（最新增訂版），天下文化2020年出版。

第 5 章　權力與機制

The Economist, "The Data Economy." Special Report, February 20, 2020.

The Economist, "Privacy in a Pandemic." April 23, 2020.

Ezrachi, Ariel, and Maurice E. Stucke. *Virtual Competition: The Promise and Perils of the Algorithm-Driven Economy*. Cambridge, MA: Harvard University Press, 2016.

International Network of Privacy Law Professionals. "A Brief History of Data Protection: How Did It All Start?" January 6, 2018. https://inplp.com/latest-news/article/a-brief-history-of-data-protection-how-did-itall-start/.

Kelly, Makena. "Most Democrats Refuse to Back Elizabeth Warren's Big Tech Breakup Plan on the Debate Stage." The Verge, October 15, 2019.

Lemley, Mark, and Andrew McCreary. "Exit Strategy." *Boston University Law Review* 101 (2021): 1-102.

Lemley, Mark, and David McGowan. "Legal Implications of Network Economic Effects." *California Law Review* 86 (1998): 479-610.

Nahles, Andreas. "Digitaler Fortschritt durch ein Daten-für-Alle-Gesetz-Diskussionspapier der Parteivorsitzenden der Sozialdemokratischen Partei Deutschland." *SPD*, February 14, 2019. https://www.spd.de/aktuelles/daten-fuer-alle-gesetz/.

Prüfer, Jens, and Christoph Schottmüller. "Competing with Big Data." *TILEC Discussion Paper* 2017-006 (February 16, 2017).

Swire, Peter, and Yianni Lagos. "Why the Right to Data Portability Likely Reduces Consumer Welfare: Antitrust and Privacy Critique." *Maryland Law Review* 72, no. 2 (2013): 335-380.

Stucke, Maurice E., and Ariel Ezrachi. "How Pricing Bots Could Form Cartels and Make Things More Expensive." *Harvard Business Review,* October 27, 2016.

Teachout, Zephyr. *Break 'Em Up: Recovering Our Freedom from Big Ag, Big Tech, and Big Money.* New York: St. Martin's Press, 2020.

von der Leyen, Ursula. "Shaping Europe's Digital Future." *European Commission.* February 19, 2020. https://ec.europa.eu/commission/presscorner/detail/en/ac_20_260.

第 6 章　開放資料存取，就是王道

Contreras, Jorge L., and Jerome H. Reichman. "Sharing by Design: Data and Decentralized Commons," *Science* 350 (December 2015): 1312-1314.

The Economist. "The Data Economy." Special Report, February 20, 2020.

The Economist. "Privacy in a Pandemic." April 23, 2020.

Florida, Richard. *The Rise of the Creative Class: And How It's Transforming Work, Leisure, Community, and Everyday Life*. New York: Basic Books, 2003.

Nunziato, Dawn Carla. "The Marketplace of Ideas Online." *Notre Dame Law Review* 94, no. 4 (2019): 1519-1584.

O'Neil, Cathy. *Weapons of Math Destruction*. New York: Penguin Random House, 2016. 中文版《大數據的傲慢與偏見》,大寫2017年出版。

Prüfer, Jens, and Christoph Schottmüller. "Competing with Big Data." TILEC Discussion Paper 2017-006 (February 16, 2017).

Saxenian, AnnaLee. *The New Argonauts: Regional Advantage in a Global Economy*. Cambridge, MA: Harvard University Press, 2006.

Senor, Dan, and Saul Singer. *Start-Up Nation: The Story of Israel's Economic Miracle*. New York: Twelve, 2009.

Shkabatur, Jennifer. "The Global Commons of Data." *Stanford Technology Law Review* 22 (2019): 354-411.

Stucke, Maurice E., and Ariel Ezrachi. "How Pricing Bots Could Form Cartels and Make Things More Expensive." *Harvard Business Review,* October 27, 2016.

第 7 章　資訊財富自由

Barrington-Leigh, Christopher, and Adam Millard-Ball. "Correction: The World's User-Generated Road Map Is More Than 80% Complete." *PLoS ONE* 14(10): e0224742 (2019).

Barrington-Leigh, Christopher, and Adam Millard-Ball. "The World's User-Generated Road Map Is More Than 80% Complete." *PLoS ONE* 12(8): e0180698 (2017).

Boyle, James. *The Public Domain — Enclosing the Commons of the Mind*. New Haven, CT: Yale University Press, 2008.

Eisenberg, Rebecca S. "Patenting the Human Genome." *Emory Law Journal* 39 (1990): 721-745.

European Commission. "Creating Value through Open Data: Study on the Impact of Re-use of Public Data Resources." Digital Agenda for Europe (2015): 10.2759/328101.

Goldstein, Brett, and Lauren Dyson. *Beyond Transparency—Open Data and the Future of Civic Innovation*. San Francisco: Code for America Press, 2013.

Gurin, Joel. *Open Data Now—The Secret to Hot Startups, Smart Investing, Savvy Marketing, and Fast Innovation*. New York: McGraw Hill, 2014. 中文版《開放資料大商機》，時報2015年出版。

Manyika, James, Michael Chui, Diana Farrell, Steve Van Kuiken, Peter Groves, and Elizabeth Almasi Doshi. "Open Data: Unlocking Innovation and Performance with Liquid Information." McKinsey Global Institute, 2013.

Mayer-Schönberger, Viktor, and David Lazer (eds.). *Governance and Information Technology—From Electronic Government to Information Government*. Cambridge, MA: MIT Press, 2007.

第8章 終結資料殖民主義

Allison, Graham. *Destined for War: Can America and China Escape Thucydides' Trap?* Boston: Houghton Mifflin Harcourt, 2017. 中文版《注定一戰？中美能否避免修昔底德陷阱》，八旗文化2018年出版。

Bremmer, Ian, and Cliff Kupchan. "Risk 3: Global Tech Cold War." *Eurasia Group*, January 2, 2018.

Chinese Government Document. "Made in China 2025." Strategy Paper, July 7, 2015. http://www.cittadellascienza.it/cina/wp-content/uploads/2017/02/IoT-ONE-Made-in-China-2025.pdf.

Couldry, Nick, and Ulises Mejias. *The Costs of Connection: How Data Are Colonizing Human Life and Appropriating It for Capitalism*. Palo Alto, CA: Stanford University Press, 2019.

Couldry, Nick, and Ulises Mejias. "Data Colonialism: Rethinking Big Data's Relation to the Contemporary Subject." *Television and New Media* 20, no. 4 (2019): 336-349.

The Economist. "The Tech Cold War Is Hotting Up." July 9, 2020.

The Economist. "Technopolitics." Briefing, March 15, 2018.

Gertner, Jon. *The Idea Factory: Bell Labs and the Great Age of American Innovation*. New York: Penguin, 2012.

Gray, Mary, and Siddharth Suri. *Ghost Work: How to Stop Silicon Valley from Building a New Global Underclass*. Boston: Houghton Mifflin Harcourt, 2019.

Hope, Janet. *Biobazaar—The Open Source Revolution and Biotechnology*. Cambridge, MA: Harvard University Press, 2008.

Institute for Global Dialogue. "The G20 Osaka Summit: Japan's Delicate Balancing of Diplomacy-Led and Development-Led Engagements." Proceedings Report (2019): 1-13.

Johnson, Steven. *How We Got to Now: Six Innovations That Made the Modern World*. New York: Riverhead Books, 2014.

Khanna, Parag. "Pillar or Pawn." *Rest of the World.org*, December 11, 2020. https://restofworld.org/2020/pillar-or-pawn/.

Lee, Kai-Fu. *AI Superpowers: China, Silicon Valley, and the New World Order*. Boston: Mariner Books, 2018. 中文版《AI新世界》（增訂版），天下文化 2019年出版。

Milner, Greg. *Pinpoint: How GPS Is Changing Technology, Culture, and Our Minds*. New York: Norton, 2017.

Riordan, Michael, and Lillian Hoddeson. *Crystal Fire: The Birth of the Information Age*. New York: Norton, 1997. 中文版《矽晶之火》，天下文化1998年出版。

Tse, Edward. *China's Disruptors: How Alibaba, Xiaomi, Tencent, and Other Companies Are Changing the Rules of Business*. New York: Penguin, 2016.

Watzinger, Martin, Thomas A. Fackler, Markus Nagler, and Monika Schnitzer. "How Antitrust Enforcement Can Spur Innovation: Bell Labs and the 1956 Consent Decree." *American Economic Journal* 12, no. 4 (2020): 328-359.

Woodcock, Jamie, and Mark Graham. *The Gig Economy; A Critical Introduction*. Cambridge, UK: Polity, 2020.

科學文化 223

資料煉金術
開放資料存取權，重燃創新之火
Access Rules
Freeing Data from Big Tech for a Better Future

原著——麥爾荀伯格、蘭姆格（Viktor Mayer-Schönberger and Thomas Ramge）
譯者——林俊宏
科學文化叢書策劃群——林和（總策劃）、牟中原、李國偉、周成功

總編輯——吳佩穎
編輯顧問暨責任編輯——林榮崧
封面設計暨美術排版——江儀玲

出版者——遠見天下文化出版股份有限公司
創辦人——高希均、王力行
遠見・天下文化・事業群 董事長——高希均
事業群發行人／CEO——王力行
天下文化社長——林天來
天下文化總經理——林芳燕
國際事務開發部兼版權中心總監——潘欣
法律顧問——理律法律事務所陳長文律師
著作權顧問——魏啟翔律師
社址——台北市 104 松江路 93 巷 1 號 2 樓
讀者服務專線——02-2662-0012 ｜ 傳真—— 02-2662-0007, 02-2662-0009
電子郵件信箱——cwpc@cwgv.com.tw
直接郵撥帳號——1326703-6 號 遠見天下文化出版股份有限公司
製版廠——東豪印刷事業有限公司
印刷廠——祥峰印刷事業有限公司
裝訂廠——聿成裝訂股份有限公司
登記證——局版台業字第 2517 號
總經銷 ——大和書報圖書股份有限公司 電話／02-8990-2588
出版日期——2022 年 5 月 26 日第一版第 1 次印行

國家圖書館出版品預行編目(CIP)資料

資料煉金術：開放資料存取權,重燃
創新之火/麥爾荀伯格(Viktor Mayer-
Schönberger), 蘭姆格(Thomas Ramge)著;
林俊宏譯. -- 第一版. -- 臺北市: 遠見天下
文化出版股份有限公司, 2022.05
面;　公分. -- (科學文化; 223)
譯自: Access rules : freeing data from big
tech for a better future.
ISBN 978-986-525-612-8(精裝)

1. 大數據　2. 資訊社會　3. 網路社會

541.415　　　　　　　　111007010

定價—— NT400 元
書號——BCS223
ISBN——9789865256128 ｜ EISBN——9789865256142（EPUB）；9789865256159（PDF）
天下文化書坊——http://www.bookzone.com.tw

本書如有缺頁、破損、裝訂錯誤，請寄回本公司調換。
本書僅代表作者言論，不代表本社立場。

天下文化
BELIEVE IN READING